괜찮은 어른이 되기 위해 읽다

괜찮은 어른이 되기 위해 읽다

김미선 지음

이음과펼침

저를 낳아주신 아버지 김학인님과
언제나 사랑으로 지극히 보살펴 주셨던
고인이 되신 어머니 서재분님께
이 책을 바칩니다.

프롤로그

나 자신에게 하나의 희망이 있다면,
그것은 어느 한 분야에서
가치 있는 일을
끝까지 완성하고
성과를 만들어내는 일이다.

그래서 새로운 기회가 주어졌을 때
그것이 어떤 일인지 망설이기보다
붙잡아야겠다고 생각한다.
매달려서라도 어떻게든
결과물을 만들어 보고 싶었다.

그때 시작한 것이 독서였다.
다양한 종류의 수많은 책을 읽으며
새로운 질문과 답을
찾아가는 연습을 통해서
끝까지 해내는
나를 새롭게 만들고자 했다.

그동안의 독서에 대한 이야기를
내가 아는 인식의 범위에서 기록해 보았다.

목차

꾸준함을 선택하라

매일 같은 시간에 출근하고, 같은 시간에 퇴근한다. 눈에 띄는 성과도 없고, 명함에 새길 만한 직함도 없다. 누군가에게 "대단한 일을 한다"고 소개될 삶은 아니다. 그냥 오늘 해야 할 일을 하고, 하루를 넘기고, 또 다음 날을 맞는다.

『그릿』을 읽기 전까지 나는 이런 삶을 '그저 그런 삶'이라고 불렀다. 열심히 살았다고 말하기엔 어딘가 부족하고, 그렇다고 완전히 포기한 삶도 아닌 애매한 상태. 늘 중간쯤에 서 있는 느낌이었다.

이 책에서 앤절라 더크워스는 그릿을 이렇게 정의한다.

"그릿이란 장기적인 목표를 향한 열정과 끈기다."

이 문장을 읽고 처음 든 생각은 솔직히 시큰둥함이었다. 또 노력 이야기인가 싶었다. 나는 이미 충분히 오래 버텨왔다고 생각했기 때문이다.

하지만 책을 조금 더 읽으며 내가 생각해온 노력과, 이 책에서 말하는 끈기가 다르다는 걸 알게 됐다. 저자는 끈기를 단기적인 성실함이 아니라 시간의 문제로 바라본다. 단번에 증명되는 것이 아니라, 오래 쌓여서 결국 드러나는 것이다.

이를 보며 내 자신이 늘 하루 단위로만 나 자신을 평가해왔다는 걸 깨달았다. 오늘 잘했는지, 실수는 없었는지만을 돌아봤다. 내 삶에는 늘 '오늘'만 있었지, '오래'라는 기준은 없었다.

책 속에는 성공한 사람들의 이야기가 반복해서 등장한다. 특별히 뛰어난 재능을 가진 사람들이 아니라, 같은 방향으로 오래 걸어간 사람들. 방향이 틀릴 수도 있었고, 속도가 느릴 수도 있었지만, 중간에 멈추지 않은 사람들.

그 대목에서 나는 처음으로 내 시간을 돌아보게 됐다. 나는 오랜 시간을 같은 방식으로 살아왔다. 중간에 그만두고 싶었던 날도 많았고, '이 나이에 나는 뭘 하고 있는 걸까'라는 질문도 수없이 던졌지만, 결국 다음 날의 일상을 선택해왔다.

책에는 이런 문장이 나온다.

"그릿은 특별한 재능이 아니라 선택의 결과다."

이 문장을 읽으며 이상하게 마음이 조금 가벼워졌다. 잘 선택해왔다고 자신 있게 말할 수는 없지만, 적어도 선택을 멈추지는 않았다는 생각이 들었다.

이 책에서 인상 깊었던 또 하나는 '열정'에 대한 정의였다. 열정을 거창한 꿈이나 불타는 의지로 설명하지 않는다. 오히려 오래 하다 보니 자연스럽게 생기는 깊이로 말한다. 나는 늘 내 삶에 열정이 없다고 생각해왔다. 남들 앞에서 말할 수 있는 꿈도 없고, 스스로 대단하다고 느껴본 적도 없었기 때문이다.

그런데 가만히 생각해보니, 사실 나는 내가 하는 일과 나 자신에 대해 꽤 많이 알고 있었다. 어떤 상황에서 내가 흔들리는지, 언제 지치는지, 어떻게 해야 다시 중심을 잡는지 등등.

몸이 먼저 반응하는 순간들이 있다. 이건 단기간에 생길 수 있는 감각이 아니다. 어쩌면 이것이 내가 가진 열정의 형태일지도 모른다는 생각이 들었다.

저자는 노력에 대해 이렇게 말한다.

"재능 × 노력 = 기술, 기술 × 노력 = 성취. 노력은 두 번 들어간다."

이 문장을 읽으며 웃음이 나왔다. 나는 재능이 있는 사람이라고 생각해본 적이 없기 때문이다. 하지만 노력이라면, 정말 여러 번 들어갔다.

이 책을 읽고 인생이 갑자기 바뀌지는 않았다. 여전히 나는 내 일상을 살고 있고, 내일도 비슷한 하루를 보낼 것이다. 하지만 분명 달라진 것이 하나 있다. 나 자신을 바라보는 기준이다.

『그릿』은 나에게 성공하는 방법을 가르쳐주지 않았다. 대신 내가 이미 해오던 삶에 이름을 붙여주었다. 끈기, 지속, 선택. 그걸로도 충분할 수 있다고 말해주었다.

『그릿(grit)』 - 앤절라 더크워스

내가 나의 편일 때

하루에 몇 번씩 "괜찮습니다"라는 말을 하고, 몇 번씩 "조금만 기다려 보자"라고 스스로에게 말한다. 생각할 틈이 없을 때가 많고, 그러다 보면 몸이 먼저 반응한다.

요즘 나는 자주 나 자신을 못 믿겠다는 생각을 했다. 내가 선택해 온 것들이 맞았는지, 지금도 괜찮은 건지 확신이 없었다. 그래서 '자기신뢰'라는 제목이 오히려 부담스러웠다. 내가 가장 못 하는 걸 정면으로 들추는 책 같았기 때문이다.

에머슨은 처음부터 단도직입적이다.

“자기 자신을 믿어라. 그러면 모든 마음이 그 소리에 공명할 것이다.”

이 문장을 읽고 나는 잠시 책을 덮었다. 믿어보려 했던 선택들 가운데 결과가 좋지 않았던 장면들이 자꾸 떠올랐다. 그래서 늘 다른 사람의 말, 사회적인 기준, 이미 정해진 답을 먼저 확인하고 움직여왔다.

그렇게 살다 보니 ‘내 생각’이라는 게 점점 흐릿해졌다. 내가 진짜로 원하는 게 뭔지, 불편한 이유가 뭔지에 대해 초점을 맞추기보다, 지금 이 상황에서 무난한 선택이 무엇인지를 먼저 계산하게 됐다.

스스로 괜찮다고 느껴도, 누군가 고개를 갸웃하면 그 감각은 금세 틀린 것이 된다. 오래 반복된 습관은 생각보다 깊이 남았다.

에머슨은 그런 태도를 단호하게 밀어낸다.

“남들이 옳다고 말하는 것을 따르는 것은 쉽다. 그러나 자기 생각을 따르는 것은 어렵다.”

이 문장을 읽으며 나는 내가 너무 오랫동안 쉬운 쪽으로만 움직여온 건 아닐까 생각했다. 어렵다는 이유로, 불편해질까 봐, 설명해야 할까 봐 내 생각을 뒤로 미뤄온 시간들이 떠올랐다.

“자기 생각을 숨기는 순간, 인간은 스스로를 배신하게 된다.”

이 문장을 읽고 나는 한동안 페이지를 넘기지 못했다. 나는 너무 자주 나를 배신하고 있었기 때문이다. 피곤해도 괜찮다고 넘겼고, 불편해도 이해한다고 스스로를 설득했다. 그게 어른스러운 태도라고, 성숙한 선택이라고 믿어왔다.

참는다고 해서 믿는 건 아니었다. 버틴다고 해서 신뢰가 생기는 것도 아니었다. 오히려 내 감정을 무시한 채 살아온 시간들이 나를 점점 더 작게 만들고 있었다.

에머슨은 일관성에 대해서도 아주 냉정하다.

“어리석은 일관성은 작은 영혼들의 유령이다.”

이 문장은 불편했다. 나는 ‘지금까지 이렇게 살아왔으니까’라는 이유로 많은 선택을 유지해왔다. 그게 책임감이라고 생각했고, 쉽게 포기하지 않는 태도라고 믿었다. 하지만 곱씹을수록, 그건 일관성이라기보다 두려움에 가까웠다. 바꾸는 게 무서워서, 설명하기 싫어서 그대로 둔 것들이 많았다.

『자기신뢰』는 다른 방향을 가리킨다. 흔들리더라도, 그 흔들림이 내 안에서 시작된 거라면 그걸 믿으라고 말한다. 과거의 나와 모순돼도 괜찮다고, 생각이 바뀌는 걸 실패로 여기지 말라고 한다.

이 책은 나에게 확신을 주지 않았다. 대신 책임을 남겼다. 남의 기준 뒤에 숨지 못하게 만들었다. 그래서 읽는 동안 불편했고, 다 읽고 나서도 마음이 가볍지는 않았다.

나는 아직도 완전히 나를 믿지는 못한다. 하지만 최소한, 나를 믿지 않는 상태가 당연하다고 생각하지는 않는다. 『자기신뢰』는 나에게 답을 주지 않았다. 대신 질문 하나를 남겼다.

지금 나는, 내 편이냐고.

그 질문 하나만으로도, 이 책은 충분히 오래 남는다.

『자기 신뢰』 - 랄프 왈도 에머슨

나의 용기

해야 할 일을 하고, 그 다음 날을 맞이하는 삶을 반복한다. 하루가 끝나면 몸은 지치고, 마음은 종종 비어 버린다. 내가 살아온 시간들이 어디를 향하고 있는지, 지금의 선택들이 어떤 의미를 갖는지 쉽게 답할 수 없다.

그런 내게 강성학의 『시어도어 루즈벨트: 가장 사나이다운 대통령의 빛나는 리더십』은 뜻밖의 울림을 주었다. 루즈벨트는 나와 전혀 다른 세계의 인물이다. 권력의 중심에 있었고, 국가의 방향을 결정했던 대통령이었다. 삶 앞에서 망설이고, 선택의 무게를 감당해야 했던 한 인간의 모습으로 루즈벨트는 단호했고, 말보다 행동으로 자신을 증명한 사람이었다.

그는 "위험을 감수하고 행동하는 것만이 진정한 리더의 길"이라는 태도를 삶 전체로 보여주었다. 그 문장을 읽으며 나는 스스로에게 질문하게 됐다. 나는 내 삶에서 얼마나 자주 움직였을까. 안전한 선택을 반복하며, 크게 흔들리지 않는 대신 나를 단단하게 만들 기회도 함께 놓치고 있었던 건 아닐까.

책에서 특히 인상 깊었던 대목은 루즈벨트가 어린 시절부터 병약했음에도 불구하고, 스스로를 단련하며 강한 인물로 성장해갔다는 이야기였다. 그는 자신의 약함을 숨기지 않았지만, 거기에 머무르지도 않았다.

"약점을 인정하되, 그것에 굴복하지 않는다"는 그의 태도는 삶 전체를 관통하는 원칙처럼 느껴졌다. 나는 그 문장을 읽으며 내 삶 속의 약점들을 떠올렸다. 혼자라는 사실, 미래에 대한 불확실함, 반복되는 일상에서 느끼는 무력감.

나는 언제부턴가 이런 현실을 당연한 것으로 받아들이며, 나 자신을 믿는 일을 조금씩 포기해왔다. 하지만 루즈벨트의 삶은 말하고 있었다. 약점은 정지의 이유가 아니라, 움직이기 위한 출발점이 될 수 있다고 한다.

루즈벨트의 리더십은 스스로 세운 기준을 중심에 두고 행동했고, 동시에 타인의 목소리와 책임의 무게를 외면하지 않았다. 책 속의 한 문장이 오래 남았다.

"리더십은 자신만의 길을 가는 것과 동시에, 다른 사람을 이끌 줄 아는 용기에서 나온다."

이 문장을 읽으며 나는 늘 주변의 기대와 시선을 먼저 고려해 온 나 자신을 떠올렸다. 하루에도 수없이 선택을 하면서, 그 기준이 내 마음이었던 적은 얼마나 있었을까. 루즈벨트의 태도는 나를 부끄럽게 만들면서도, 동시에 작은 자극이 되었다. 나 역시 내 기준을 세울 수 있지 않을까 하는 생각이 들었다.

책을 덮으며 또 하나 마음에 남은 것은, 루즈벨트가 모든 행동에 목적을 가지고 있었다는 점이다. 그의 선택과 도전은 즉흥이 아니라 방향을 향해 있었다. 그는 "아무것도 하지 않는 것보다, 실패하더라도 도전하는 것이 낫다"고 말한다.

나는 그 문장을 읽으며, 그동안 너무 오랫동안 '버티는 것'에만 집중해왔다는 걸 깨달았다. 오늘의 선택이 나를 어디로 데려가는지, 이 시간이 내 삶에 어떤 힘을 남기는지 묻지 않은 채 하루를 넘겨왔다.

루즈벨트의 삶에서 내가 얻은 것은 거창한 성공의 공식이 아니다. 그는 현실의 어려움과 책임을 피하지 않았고, 무엇보다 스스로의 판단을 믿었다. 그 믿음이 있었기에 흔들리는 순간에도 중심을 잃지 않을 수 있었다. 나는 그의 삶처럼 거대한 결정을 내릴 위치에 있지 않다. 하지만 나 역시 내 선택과 감각을 조금 더 믿으며 살아갈 수는 있을 것이다.

『시어도어 루즈벨트』는 나에게 위대한 대통령의 전기라기보다, 나 자신을 대하는 태도를 다시 묻게 하는 책이었다. 그는 미국을 움직였지만, 그가 보여준 용기와 신뢰는 내 하루 속 작은 선택에도 적용될 수 있다.

나는 여전히 평범한 하루를 살아간다. 하지만 이제는 그 하루 안에서, 내 기준과 내 결정을 조금 더 존중하며 살고 싶다. 스스로를 믿고 도전하는 것. 그 태도 하나만으로도, 내 삶은 이전보다 조금 더 견고해질 수 있을 것 같다.

『시어도어 루즈벨트』 - 강성학

지금에 집중하기

바쁘고 정신없는 순간이 이어지고, 해야 할 일들이 쌓여 있을 때면 마음은 금세 바빠진다. 쉬는 시간조차 마음은 머물지 않고, 오늘과 내일 사이를 오가며 끊임없이 돌아간다.

『틱낫한 명상』을 읽기 전까지, 나는 이런 상태가 당연한 줄 알았다. 바쁘게 움직이면 집중하는 것처럼 느껴졌지만, 사실 한 번도 지금 이 순간에 머문 적은 없었다. 틱낫한 스님은 호흡과 발걸음, 손에 쥔 일을 의식할 때 삶이 모두 명상이 된다고 말한다.

처음 이 말을 접했을 때, 나는 명상이 내 삶과 거리가 있다고 생각했다. 고요한 방에 앉아야만 가능할 것 같았기 때문이다. 그러나 책을 계속 읽으며 마음 챙김은 특별한 시간이 아니라, 순간순간 내 삶 속에 스며들 수 있다는 것을 깨달았다.

일상의 작은 행동 속에서도 마음을 챙길 수 있다는 말이 마음에 남았다. 물을 마시거나 손으로 무엇인가를 쥘 때, 그 순간에 마음을 두는 것만으로도 기적과 같은 경험이 될 수 있다. 평소 반복되는 행동이 의식 속에서 전혀 다른 의미를 갖는다는 사실이 놀라웠다.

책에서는 마음 챙김이 단순히 앉아서 명상하는 것이 아니라, 걸을 때, 일을 할 때, 심지어 설거지를 할 때도 가능하다고 알려준다.

나는 움직이는 순간마다 발걸음을 느끼고, 손끝의 감각에 집중해보았다. 처음에는 쉽게 흐트러지고 다른 생각으로 흘렀지만, 몇 차례 반복하자 몸과 마음이 조금씩 연결되는 느낌이 들었다. 그 짧은 순간만으로도 하루가 조금 더 선명하게 느껴졌다.

스님은 마음이 산만할 때조차 자신을 자책하지 말고 부드럽게 다시 지금으로 돌아오라고 조언한다. 하루 종일 끊임없이 떠오르는 생각과 걱정 속에서도, 이를 인정하고 의식적으로 현재로 돌아오는 연습을 반복하면 된다는 말이었다. 나는 이 부분에서 큰 위안을 받았다.

책을 덮고 난 후, 나는 작은 결심을 했다. 하루 속에서 몇 초라도 지금 이 순간에 머물러 보기로 한 것이다. 반복되는 일상 속에서 마음을 붙잡고 숨을 의식하며, 손끝의 감각을 느끼며 살아보기로 했다.

마음 챙김은 거창한 기술이나 성취를 만들어내는 마법이 아니다. 그저 순간순간 내가 살아 있음을 느끼는 방법이다. 물 한 잔을 마시는 순간조차 기적이 될 수 있고, 나는 그 기적을 매일 작은 행동 속에서 경험할 수 있다는 사실이 신기하고 감사했다.

『틱낫한 명상』은 내가 지금 있는 자리에서 조금 더 선명하게 살아갈 방법을 보여준 안내서였다. 바쁘고 반복되는 순간 속에서도 마음을 붙잡고 현재로 돌아오는 연습을 하며 살아갈 수 있다는 길을 알려주었다.

나는 여전히 일상을 살아가고, 반복되는 일들을 한다. 그러나 이제는 그 하루 속에서 숨을 의식하고, 몸과 마음의 감각을 느끼며, 순간을 조금 더 붙잡아본다. 스님의 가르침처럼, 그것만으로도 하루가 조금 더 선명하고 살아 있는 날이 된다.

『틱낫한 명상』 - 틱낫한

미루지 않는 삶

해야 할 일들이 계속 생기고, 시간을 쫓아 달리는 기분 속에서 나는 종종 숨이 막히는 듯한 느낌을 받는다. 마음 한편으로는 내가 무엇을 위해 이렇게 살아가는지, 이 하루가 어디로 향하는지조차 알 수 없는 막막함이 자리한다. 쉬는 순간에도 마음은 머물지 못하고, 이미 지나간 일과 아직 오지 않은 일 사이를 오가며 끊임없이 흘러간다.

『인생수업』을 펼친 것도 바로 그런 이유였다. 책을 펼치자마자 처음 마주한 문장이 깊은 울림을 주었다. 삶의 마지막 순간에 간절히 원하게 될 것, 그것을 지금 하라는 말이었다.

그 순간, 나는 얼굴이 뜨거워졌다. 평생 하고 싶었던 일들을 미루며 살아온 건 아닐까. 매일 반복되는 시간 속에서, 진짜 원하는 것이 무엇인지조차 생각할 여유를 갖지 못했다는 사실이 나를 부끄럽게 만들었다.

책 속에서는 죽음을 앞둔 사람들이 남긴 후회의 목록이 소개된다. 더 많이 사랑하지 못한 것, 자신의 감정을 솔직하게 표현하지 못한 것, 다른 사람에게 상처를 주면서 용서하지 못한 것. 그 이야기를 읽으며 나는 나 자신을 돌아보았다.

사람들과 부딪힐 때, 중요한 순간에 나를 낮춰 참는 것이 익숙했고, 그 과정에서 소중한 순간들을 그냥 지나쳐버린 적이 많았다. 그제야 나는 후회는 큰 성취나 특별한 업적에서 오는 것이 아니라, 일상의 작은 선택과 나 자신과의 관계에서 비롯된다는 것을 깨달았다.

특히 마음에 남은 문장은 소소한 순간과 사람들과의 시간, 진심 어린 대화가 결국 삶의 가치를 만든다는 말이었다. 나는 하루를 바쁘게 살아가는 내 모습을 떠올렸다.

책은 단순히 후회와 깨달음을 전하는 데 그치지 않았다. 지금까지의 나는 안전한 선택만 하며, 불편하거나 어려운 순간을 피하며 살아왔다. 그러나 삶은 결국 지금 움직이는 데서 비롯된다. 삶의 마지막 순간에 바라는 것들을 생각할 때, 그것은 단순히 미래의 꿈이 아니라, 오늘의 선택과 행동으로 이루어진다는 깨달음이 다가왔다.

또 하나 깊이 남은 문장은 지금 이 순간을 살아야 남은 시간을 온전히 채울 수 있다는 것이다. 나는 반복되는 일상 속에서 그저 시간을 흘려보내며, 마음속 목소리를 무시하고 살았다.

그러나 이 문장은 지금 이 순간에 집중하고, 나 자신과 진솔하게 마주하는 것이 삶의 의미를 만드는 길이라는 걸 상기시켰다. 나는 그 순간부터 매일의 작은 선택을 조금 다르게 바라보기로 했다.

책은 사람들이 흔히 놓치는 또 다른 후회들에 대해서도 이야기한다. 자신에게 솔직하지 못한 삶, 자신의 감정을 억누르며 다른 사람을 만족시키는 데 치중한 삶이다. 내 마음을 무시하고 살아온 시간, 하고 싶은 말을 미루고, 하고 싶은 일을 차일피일 미뤄온 시간들이 떠올랐다.

책을 덮고 난 후, 나는 작은 결심을 했다.

하루를 살아가면서 중요한 것을 놓치지 않기로, 매 순간 마음을 기울이기로. 누군가와 나누는 작은 대화에도 진심을 담고, 불편하거나 어려운 상황에서도 내 감정을 솔직하게 마주보겠다고 다짐한다. 내가 원하는 일과 하고 싶은 말, 작은 행복을 느끼는 순간을 미루지 않고 실천해보기로 했다.

『인생수업』은 죽음이라는 무거운 주제를 다루지만, 결국 삶을 어떻게 살아야 하는지 알려주는 책이었다. 매 순간을 흘려보내지 않고, 내 마음 속 소리를 무시하지 않기로 했다. 작은 순간에도 의미를 찾아 마음을 기울이는 것이 삶을 충실하게 만드는 길임을 깨달았다.

나는 여전히 하루를 살아간다. 반복되는 일상이 있고, 같은 시간 속에서 작은 일들을 해나간다.

그러나 이제는 다르다. 매 순간 숨을 의식하고, 내 마음과 감정을 돌아보며, 순간마다 의미를 찾는다. 작은 대화, 솔직한 표현, 혼자만의 성찰 시간. 이러한 사소한 순간들이 삶을 채우고, 후회 없는 삶을 향한 발걸음이 된다.

『인생수업』 - 엘리자베스 퀴블러 로스, 데이비드 케슬러

선택을 책임지기

『철학은 어떻게 삶의 무기가 되는가』를 펼친 이유는 내 삶을 좀 더 능동적으로, 조금 더 내 의지대로 다루고 싶었기 때문이다. 하루를 단순히 버티고, 반복되는 생각과 감정에 휘둘리는 삶이 아니라, 내가 중심이 되어 내 선택과 판단을 책임지고 살아가는 삶으로 바꾸고 싶었다.

책의 첫 장에서 야마구치 슈는 말한다. 타고난 능력이라는 것은 없으며, 인간은 경험을 통해 무엇이든 될 수 있다는 것이다.

이 문장을 읽는 순간, 나는 오랫동안 묻어둔 불안을 다시 마주했다. 나는 늘 내 능력을 의심하며 살아왔다. 체력도, 집중력도,

사고의 깊이도 부족하다고 생각하며, 평범한 하루를 버티는 것으로 만족했다.

하지만 이 문장은 내가 가진 가능성을 다시 떠올리게 했다. 삶의 도구는 외부에서 주어지는 것이 아니라, 내가 직접 경험하고 쌓아가며 만들어가는 것이라는 깨달음은 나를 잠시 숨 쉬게 했다.

책 속에는 철학자들의 생각이 실제 삶에 어떻게 적용될 수 있는지 보여주는 사례들이 많았다. 소크라테스의 질문법, 니체의 자기 극복, 사르트르의 자유와 책임 같은 이야기들은 머리 속에서만 존재하는 철학이 아니라, 내 삶을 살아가는 방식으로 전환될 수 있다는 것을 보여주었다.

특히 저자가 강조한 철학의 본질, 즉 철학은 머리 속 생각이 아니라 선택과 행동을 안내하는 무기라는 말은 내 마음 깊숙이 다가왔다. 나는 그동안 수많은 순간을 흘려보냈다. 사람과 짧은 대화를 나눌 때조차, 감정을 제대로 다루지 못하고 그냥 지나쳤다. 이제야 철학의 무기는 칼이나 방패가 아니라, 내가 상황에 대응하고 선택할 힘이었음을 깨닫는다.

책의 또 다른 장에서는 의심과 질문을 통한 자기 점검을 강조한다. 나는 종종 감정을 억누르며, 남에게 맞추고, 내 진심을 뒤로 미뤄왔다.

이제야 생각해본다. 내가 왜 그렇게 행동했는지, 내가 원하는 것은 무엇인지, 나는 정말 어떤 사람이 되고 싶은지. 매 순간을 조금 더 의식적으로 살아간다면, 같은 하루라도 훨씬 선명해질 수 있다는 것을 깨달았다.

철학적 사고를 통해 감정을 다스리는 방법도 나에게 큰 울림을 주었다. 자신의 판단을 의심하고, 상황을 객관적으로 바라보는 훈련이 삶을 단단하게 만든다.

나는 이 문장을 내 마음에 새기며, 하루 속에서 실천해보기로 했다. 화가 나거나 속상한 순간이 오면, 반사적으로 반응하기보다는 한 걸음 물러서서 바라본다. 감정이 휘몰아칠 때도, 상황을 조금 더 넓게, 조금 더 깊게 바라보려 애쓴다. 그것만으로도 마음이 조금씩 평온해진다.

하루를 살아가면서 작은 관찰을 시작했다. 오늘 느낀 감정, 오늘 내린 선택, 오늘 경험한 작은 실패와 성공을 의식한다.

책에서 강조하는 또 다른 메시지, 실패와 불안은 배움의 재료라는 말은 내 삶에 큰 힘을 준다. 실수와 좌절, 후회조차 내 삶을 단단하게 만드는 재료가 될 수 있다는 사실은 놀라웠다. 매번 실패할 때마다 나는 조금씩 더 현명해지고, 조금씩 더 나 자신을 이해하게 된다.

나는 지금까지 무언가를 견디는 데 익숙했고, 그저 시간을 보내는 데 익숙했다. 하지만 이제는 하루를 살아가는 방식이 달라졌다. 반복되는 일과, 일상의 소소한 순간 하나하나가 나를 단단하게 만드는 연습이 될 수 있다는 것을 깨달았다. 접시를 정리하거나, 계산기를 두드리거나, 혼자 차를 마시는 순간에도 철학적 질문을 떠올리며 나를 점검한다.

책 속에서 가장 기억에 남는 말 중 하나는, 삶의 사건과 경험을 통해 내가 어떤 사람인지 알아가고, 나 자신에게 책임을 지는 것이 진정한 자유라는 것이었다. 나는 그 문장을 마음속에서 반복하며, 내 삶을 조금씩 주체적으로 만들어가기로 마음먹었다. 작은 결정 하나, 작은 감정 하나에도 의미를 부여하고, 스스로 선택하며 책임지는 법을 연습한다.

『철학은 어떻게 삶의 무기가 되는가』 는 나에게 삶을 바라보는 눈을 바꿔준 책이다. 철학이라는 것이 단순히 머리 속 지식이 아니라, 내 마음과 행동을 지탱하는 힘이라는 것을 알게 해주었다. 오늘도 나는 하루를 살아가며 내 경험과 선택을 의식하고, 판단을 의심하고, 실패를 학습으로 삼는다. 그렇게 하루하루가 조금씩 다르게 느껴진다.

『철학은 어떻게 삶의 무기가 되는가』 - 야마구치 슈

내 몫의 삶이란

늘 바쁘다는 말로 표현하기도 부족한 시간들이 내 앞을 채운다. 손님이 들어오면 주문을 받고, 주방에서 음식이 준비되는 걸 확인하고, 또 다른 손님을 맞는다. 온전히 내 생각에 잠길 틈은 없고, 하루가 끝나면 몸은 지쳐 있지만 마음은 흐트러진 채 남아 있다.

그런 날들 속에서 나는 스스로에게 묻곤 했다. “이렇게 살아도 되는 걸까?”

『어떻게 살 것인가』를 집어 든 이유는 그 질문 때문이었다.

책의 첫 장을 열자마자 유시민 작가는 이렇게 쓴다.

"인생은 선택의 연속이고, 그 선택의 책임은 결국 자신에게 돌아온다."

이 문장을 읽는 순간, 나는 가슴 한쪽이 뻐근해졌다. 매일 반복되는 일에 치여, 그냥 흘러가는 대로 살아온 날들을 떠올렸기 때문이다. 손님을 만족시키고, 동료에게 눈치 보며, 스스로의 욕구를 미루면서 하루를 살아왔다. 선택의 책임이라는 말이 이렇게 무겁게 다가온 적은 없었다.

책에서는 삶을 살아가는 방식에 대한 여러 통찰을 제시한다. 남의 기대와 사회적 기준에 맞춰 사는 대신, 자신이 어떤 사람으로 살고 싶은지에 대한 고민이 삶의 중심이 되어야 한다는 것이다.

"남의 기준이 아니라, 내가 어떤 사람으로 살고 싶은지를 고민하는 것이 중요하다."

나는 주방에서 접시를 나르며 이 문장을 되새겼다. 지금까지 나는 남의 시선에 맞춰 내 행동을 조절하며 살았다. 손님에게 불편을 끼치지 않으려고, 동료에게 양보하며, 내 감정을 억눌렀다. 그러나 내가 원하는 삶의 기준은 무엇인지, 정작 나 자신에게 물어본 적은 거의 없었다.

책의 한 챕터에서는 시간을 어떻게 쓰는지가 삶을 결정한다고 강조한다. 유시민은 하루를 허투루 보내는 습관이 결국 삶 전체를 흔들 수 있다고 말한다.

“당신이 매일 무엇을 선택하는지, 그 하루가 쌓여 결국 당신의 인생을 만든다.”

나는 설거지하며 이 말을 곱씹었다. 접시를 닦는 손끝의 감각, 바쁘게 오가는 발걸음, 손님과 나누는 짧은 대화, 매순간마다 내가 선택하는 태도와 마음가짐이 내 삶의 일부라는 것을 이제야 실감했다.

인간관계 역시 중요하다. 삶을 함께하는 사람들과의 관계에서 솔직함과 존중을 잃지 않아야 한다는 것이다.

“정직한 관계만이 당신을 지탱하는 힘이 된다.”

나는 홀과 주방을 오가며 이 문장을 마음속으로 되새겼다. 동료와의 작은 다툼, 손님과의 오해 속에서 나 자신을 솔직하게 드러내는 일이 얼마나 중요한지 새삼 깨달았다. 갈등을 피하기 위해 늘 마음을 숨기고 참았던 시간이 후회로 돌아올 수 있다는 경고처럼 들렸다.

책의 후반부에서는 삶의 목표와 행복에 대해 말한다. 단순히 안정적이거나 남들이 인정하는 삶을 추구하는 것이 아니라, 자신에게 의미 있는 삶을 사는 것이 중요하다고 강조한다.

지금의 나는 안정적인 하루를 보장받았지만, 내 마음이 만족하는 선택을 하고 있는 걸까. 손님이 남긴 잔돈을 받으며 미소 지을 때, 동료가 작은 도움을 주었을 때, 이런 순간이 내가 원하는 삶의 일부라는 것을 알게 되었다. 행복은 거창한 것이 아니라, 이렇게 작은 선택과 마음에서 오는 것이었다.

책을 덮고 난 지금, 나는 조금 달라졌다. 매일 반복되는 일 속에서도, 스스로 선택하고 책임지는 연습을 하기로 했다. 주문이 몰리는 한복판에서도, 손님과 마주하는 순간에도, 내 마음과 의식을 잃지 않으려 한다. 그리고 무엇보다, 내 하루를 나 자신에게 조금 더 솔직하게 살아가기로 결심했다.

나는 여전히 식당에서 일하고, 접시를 나르고, 계산을 한다. 그러나 오늘은 다른 마음으로 하루를 살아본다. 선택을 의식하고, 마음을 챙기고, 관계에 솔직하게 임하는 작은 변화들이 쌓이면, 언젠가 내 삶이 조금 더 단단해지고 의미 있는 방향으로 흘러갈 거라는 믿음이 생겼다. 책 속 문장이 자꾸 떠오른다.

"어떤 삶을 살 것인지는, 당신의 오늘 선택에 달려 있다."

매일 반복되는 일상이지만, 나는 이제 조금씩 내 선택과 마음을 주목하며 살아간다.

손님에게 건넨 한마디, 동료와 나눈 솔직한 대화, 설거지와 청소 속에서 발견하는 작은 즐거움. 이 모든 것이 내 삶을 조금 더 나답게 만드는 시간임을 안다. 그렇게 하루를 보내다 보면, 언젠가 나는 내 선택으로 채워진 삶 속에서 후회 없는 하루를 만들고 있을 것이다.

『어떻게 살 것인가』 - 유시민

역사에서 배우기

식당에서 일한 지도 꽤 오래됐다. 홀서빙과 조리를 함께 하다 보니 하루의 대부분은 주문을 받고, 불을 쓰고, 사람 얼굴을 살피는 데 쓰인다. 손님이 많을 때는 숨 돌릴 틈도 없고, 한가할 때는 이상하게 마음이 더 바쁘다. 집에 돌아오면 몸이 먼저 눕고, 생각은 그 다음이다.

책을 읽는 일은 그래서 늘 뒤로 밀려 있었다. 『역사의 쓸모』를 읽게 된 것도 대단한 계기라기보다는, 우연히 손에 잡힌 책이었다.

처음에는 '역사'라는 단어가 조금 부담스러웠다. 학교 다닐 때 역사는 외워야 할 것들이 많았고, 시험이 끝나면 대부분 잊어버리는 과목이었다.

솔직히 말하면, 지금의 내 삶과 무슨 상관이 있을까 싶었다. 하루 벌어 하루 사는 사람에게 몇 백 년 전 이야기가 무슨 도움이 될까 하는 생각도 들었다. 그런데 책을 읽다 보니, 유시민이 말하는 역사는 내가 알던 그 역사와는 조금 달랐다.

이 책에서 말하는 역사는 위대한 영웅의 업적이나 연표 정리가 아니다. 그보다는 평범한 사람들이 어떤 선택을 했고, 그 선택이 어떤 결과를 낳았는지에 대한 이야기다. '아, 그때 그 사람도 나처럼 상황에 떠밀렸겠구나.' '그 선택이 꼭 용기 있어서라기보다는, 다른 길이 없어서였을 수도 있겠구나.' 그런 생각들이 들었다.

식당에서 일하다 보면 별별 사람을 다 만난다. 무례한 손님도 있고, 말없이 고맙다는 눈빛을 주고 가는 손님도 있다. 직원 입장, 손님 입장이 늘 다르다. 누구 하나만 옳다고 말하기 어려운 상황도 많다.

『역사의 쓸모』를 읽으며 느낀 건, 역사가 바로 그런 것이라는 점이었다. 선과 악, 정의와 불의가 명확히 갈리는 이야기라기보다는, 각자의 자리에서 나름의 이유를 안고 살아간 사람들의 기록이라는 생각이 들었다.

저자는 이 책에서 역사가 미래를 예측해주지는 않지만, 최악을 피하게 도와준다고 말한다. 이 문장이 오래 남았다.

나는 미래를 자주 걱정한다. 지금처럼 계속 일할 수 있을지, 아프면 어떻게 될지, 혼자 늙어가는 건 어떤 느낌일지 등등.

하지만 이 책을 읽으며 처음으로 과거를 통해 현재를 조금 다르게 바라보게 됐다. 나만 불안한 게 아니었고, 지금의 사회도 처음부터 이렇게 만들어진 건 아니라는 사실이 마음을 조금 가볍게 했다.

특히 인상 깊었던 건 민주주의와 권력에 대한 이야기였다. 뉴스에서 나오는 정치 이야기는 늘 멀게 느껴졌다. 나 같은 사람이 뭘 안다고, 뭘 바꿀 수 있을까 싶었다.

하지만 책을 읽으며 역사가 늘 무관심한 다수 위에서 움직여 왔다는 것을 깨달았다. 아무것도 하지 않는 선택 역시 하나의 선택이라는 말을 곱씹게 됐다. 투표를 할 때, 뉴스를 흘려들을 때, '나랑 상관없다'고 말하는 순간에도 역사는 계속 흘러가고 있다는 사실이 조금은 실감났다.

이 책이 좋았던 이유는, 독자에게 어떤 답을 강요하지 않기 때문이다. 대신 질문을 던진다.

"당신이라면 어떤 선택을 했을 것인가?"

그 질문은 책을 덮은 뒤에도 계속 남는다. 설거지를 하면서, 재료를 손질하면서, 혼자 밥을 먹으면서 문득 떠오른다.

나는 특별한 사람이 아니다. 대단한 꿈을 이루지도 않았고, 세상을 바꿀 계획도 없다. 다만 하루를 무사히 마치고, 다음 날 다시 일터에 나간다.

『역사의 쓸모』는 그런 나에게도 역사가 필요하다고 말해준다. 더 잘 살기 위해서라기보다는, 덜 흔들리기 위해서. 나만의 판단 기준을 조금이라도 갖기 위해서 말이다.

나는 예전보다 뉴스 한 줄을 조금 더 천천히 읽게 됐고, 사람들의 말 속에 숨은 맥락을 한 번 더 생각하게 됐다. 그 정도면 이 책은 내 삶에 충분히 쓸모 있었다고 생각한다.

역사는 거창한 것이 아니라, 결국 사람이 살아온 흔적이라는 걸 이 책을 통해 다시 배웠다. 그리고 그 흔적 위에 지금의 내가 서 있다는 사실도 느낄 수 있었다.

내 삶이 역사책에 실릴 일은 없겠지만, 내가 하는 선택 하나하나도 언젠가는 누군가의 현재를 만들지 모른다. 그렇게 생각하니, 오늘 하루를 조금 더 책임감 있게 살아야겠다. 그것이 내가 『역사의 쓸모』에서 얻은 가장 현실적인 교훈이다.

『역사의 쓸모』 - 유시민

의미를 찾는 삶

『죽음의 수용소에서』를 읽는 동안 여러 번 책을 덮었다. 너무 잔인해서라기보다는, 이 이야기를 끝까지 읽을 마음의 여유가 내게 있는지 확신이 서지 않았기 때문이다.

하루의 대부분을 식당에서 보내고, 몸이 먼저 지치는 생활을 하다 보면, 삶의 의미 같은 질문은 일부러 피하게 된다. 생각해봐야 답이 없을 것 같고, 괜히 더 허탈해질까 싶기 때문이다.

하지만 이 책은 그런 나를 배려해주지 않는다. 대신 조용히 묻는다.

"그럼에도 당신은 왜 살아가고 있는가."

빅터 프랭클은 나치 강제수용소에서의 경험을 감정적으로 과장하지 않고 기록한다. 굶주림과 폭력, 죽음이 일상이 된 공간에서 사람들이 어떻게 변해가는지를 관찰하듯 써 내려간다. 그 차분함이 오히려 더 무겁게 다가왔다. 인간이 인간으로 대우받지 못하는 상황에서도, 그는 끝까지 인간을 보려고 한다.

그 시선이 이 책을 단순한 생존기가 아니라 사유의 기록으로 만든 것 같다.

책에서 가장 인상 깊었던 부분은 사람들이 무너지는 순간에 대한 이야기였다. 프랭클은 사람들이 죽어가는 이유를 체력이나 운으로만 설명하지 않는다.

삶의 이유를 잃는 순간, 인간은 빠르게 포기한다고 말한다. 반대로 끝까지 살아남은 사람들은 더 강해서가 아니라, 붙잡고 있는 의미가 있었기 때문이라고 한다. 그 의미는 대단한 신념이나 사명이 아니라, 다시 만나고 싶은 얼굴, 끝내고 싶은 일, 혹은 누군가를 위해 살아야 한다는 마음 같은 아주 개인적인 것이었다.

이 대목을 읽으며 마음이 불편해졌다. 나는 지금 무엇을 위해 살고 있는지 쉽게 답할 수 없었기 때문이다. 특별한 목표도 없고, 누군가에게 꼭 필요한 존재라는 확신도 없다. 그저 하루하루를 넘기며 살아갈 뿐이다.

그런데 프랭클의 이야기를 따라가다 보니, 그 '그저'라는 말이 꼭 공허함만은 아니라는 생각이 들었다. 의미는 처음부터 분명한 형태로 존재하지 않을 수도 있다는 사실을 이 책이 보여주고 있었다.

식당에서 일하다 보면 아주 작은 장면들이 스쳐 지나간다. 바쁜 와중에 조용히 고맙다고 말해주는 손님, 말없이 설거지를 도와주는 동료, 늘 같은 메뉴를 주문하며 안부를 묻는 단골들. 평소에는 대수롭지 않게 흘려보냈던 순간들이 책을 읽는 동안 자꾸 떠올랐다. 프랭클이 말한 '삶을 붙잡게 하는 이유'란 어쩌면 그런 사소한 생각들로 이루어지는 게 아닐까 싶었다.

프랭클은 인간에게 주어진 마지막 자유는 태도를 선택하는 자유라고 말한다. 이 문장은 읽을수록 단순하지 않게 느껴졌다.

현실은 쉽게 바뀌지 않는다. 일은 힘들고, 나이는 들고, 미래는 불안하다. 하지만 이 책을 읽으며 처음으로, 상황 자체보다 그것을 해석하는 내 시선이 더 중요하다는 생각을 하게 됐다. 식당에서 일하고 있다는 현실, 혼자 살아가고 있다는 조건들은 이미 주어진 것들이다. 그것을 실패로 볼지, 하나의 삶으로 받아들일지는 결국 내 태도의 문제였다.

프랭클의 말처럼, 모든 것을 빼앗겨도 태도를 선택할 자유만큼은 남는다면, 지금의 나는 무엇을 선택하고 있는지 스스로에게 묻게 됐다.

이 책은 나에게 위로를 주지 않는다. 괜찮아질 거라는 말도, 언젠가는 보상받을 거라는 약속도 없다.

대신 고통은 사라지지 않아도 인간은 살아갈 수 있다고 말한다. 의미를 찾으려는 의지가 있는 한, 삶은 계속된다. 그 솔직함이 오히려 믿음이 갔다. 현실을 모른 척하지 않기 때문에, 이 책의 문장들은 가볍게 지나가지 않는다.

『죽음의 수용소에서』는 극한의 상황에서 인간이 무엇으로 살아남는지를 보여준다. 그 이야기는 처음엔 내 삶과 너무 멀게 느껴졌지만, 읽고 나니 오히려 가까웠다. 나 역시 크고 작은 고통 속에서 매일을 살아가고 있고, 그 안에서 나만의 이유를 만들며 버티고 있기 때문이다.

이 책을 통해 새로운 삶의 목표를 얻었다기보다, 지금까지 살아온 방식이 전혀 무의미하지 않았다는 생각을 하게 됐다.

오늘도 식당 문을 열고 하루를 시작한다. 그 안에서 어떤 태도로 사람을 대하고, 어떤 마음으로 하루를 마무리할지 선택하며 살아간다. 지금의 나에게 『죽음의 수용소에서』가 남긴 의미는, 그 선택의 무게를 조금 더 진지하게 받아들이게 해주었다는 점이다.

『빅터 프랭클의 죽음의 수용소에서』 - 빅터 프랭클

나만의 결함이 아닌 불안

『불안』이라는 제목은 설명이 필요 없는 단어처럼 느껴졌다. 굳이 책을 읽지 않아도 이미 충분히 알고 있는 감정 같았기 때문이다. 특별한 이유가 없어도 불안하고, 잘못한 게 없어도 마음이 편치 않은 상태.

알랭 드 보통은 그 익숙한 감정을 굳이 책 한 권으로 파헤친다.

이 책은 불안을 개인의 성격 문제나 마음가짐의 부족으로 보지 않는다. 대신 사회가 사람들에게 어떤 기준을 들이대고 있는지, 그 기준 속에서 왜 우리가 끊임없이 비교하고 위축되는지를 설명한다.

읽다 보니, 내가 느껴온 불안이 아주 개인적인 결함은 아니라는 사실이 조금씩 드러났다. 그 점이 이 책의 가장 큰 특징처럼 느껴졌다.

알랭 드 보통은 불안의 근원을 '지위 불안'이라고 말한다. 내가 어떤 사람으로 인정받고 있는지, 사회에서 어느 자리에 놓여 있는지에 대한 불안이다.

남들의 질문 하나하나가 공격적이지 않아도, 그 안에는 보이지 않는 기준이 숨어 있다. 그 기준에 맞지 않는 삶을 살고 있다는 느낌은 조용히 사람을 불안하게 만든다.

이 책이 흥미로운 점은, 우리가 자유롭다고 믿는 현대 사회가 오히려 더 많은 불안을 만들어낸다고 말하는 부분이다. 과거에는 태어날 때부터 정해진 신분과 역할이 있었지만, 지금은 무엇이든 될 수 있다.

문제는 그 말이 곧 '되지 못한 이유는 전부 개인의 책임'이 되어버린다는 점이다. 노력하면 다 될 수 있다는 말은 듣기에는 희망적이지만, 현실에서는 실패를 설명할 핑계를 없애버린다.

나는 이 대목을 읽으며 오래 멈춰 있었다. 열심히 살지 않아서 지금 이 자리에 있는 건 아닐까, 더 잘할 수 있었는데 놓친 건 아닐까 하는 생각을 자주 해왔기 때문이다.

알랭 드 보통은 그런 생각 자체가 이미 사회가 만들어낸 프레임일 수 있다고 말한다. 개인의 삶을 지나치게 성과와 지위로만 평가하는 사회에서는, 아무리 성실하게 살아도 불안을 피하기 어렵다는 설명이 이상하게 위로가 됐다.

책에서는 돈, 직업, 명성, 타인의 시선 같은 요소들이 어떻게 불안을 키우는지도 이야기한다. 특히 직업에 대한 부분이 마음에 남았다.

직업이 곧 그 사람의 가치처럼 여겨지는 사회에서, 어떤 일을 하느냐는 단순한 생계 수단을 넘어 자존감의 문제가 된다. 식당에서 일한다는 말을 할 때, 상대방의 반응을 은근히 살피게 되는 내 모습이 떠올랐다. 부끄러워서라기보다는, 그 일이 어떻게 평가될지 이미 알고 있기 때문이다.

알랭 드 보통은 이런 불안을 완전히 없앨 수는 없다고 말한다. 대신 불안을 바라보는 관점을 조금 바꿔보자고 제안한다. 철학, 예술, 종교, 그리고 타인의 삶을 이해하는 시선이 불안을 완화시킬 수 있다고 말한다.

이 해결책들이 즉각적인 위로를 주지는 않지만, 적어도 불안을 혼자만의 문제로 가두지 않게 해준다.

이 책을 읽으며 좋았던 점은, 작가가 독자를 함부로 다독이지 않는다는 것이다. 무작정 "괜찮다"고 말하지도 않고, "너는 충분하다"고 쉽게 결론 내리지도 않는다.

대신 왜 우리가 괜찮지 않은 상태로 살아가게 되었는지를 차분히 설명한다. 그 설명을 따라가다 보니, 불안이 조금은 객관화됐다. 여전히 불안하지만, 적어도 그 감정에 압도당하지는 않게 됐다.

책을 덮고 나서 불안이 사라진 건 아니다. 여전히 비교하고, 여전히 흔들린다. 하지만 이전처럼 불안을 숨기거나 부끄러워하지는 않게 됐다. 불안은 실패의 증거가 아니라, 이 사회를 살아가는 정상적인 반응일지도 모른다는 생각이 들었기 때문이다.

『불안』은 나에게 용기를 주는 책은 아니었다. 대신 현실을 조금 더 정확하게 보게 해주었다. 내가 느끼는 불안이 어디에서 왔는지 알게 되었고, 그 불안을 무조건 이겨내야 할 적으로 보지 않게 됐다.

오늘도 여전히 불안한 상태로 하루를 살아간다. 하지만 그 불안이 내 삶을 전부 설명하지는 않는다는 걸, 이 책을 통해 조금은 알게 되었다.

『불안』 - 알랭 드 보통

용기 있는 삶이란

『미움받을 용기』를 읽기 전까지, 나는 이 책을 조금 경계하고 있었다. 제목이 주는 느낌 때문이었다. 세상에서 미움받을 용기라니, 그게 과연 가능한 일일까 싶었다.

살아오면서 나는 오히려 미움받지 않기 위해 애써왔다. 불편한 말을 삼키고, 웃어넘길 수 있는 일은 넘기고, 괜히 분위기를 흐리지 않으려 조심해 왔다. 이것이 성숙함이라고 믿었고, 사회생활의 기본이라고 생각했다.

내가 가장 먼저 흔들린 건 '인간의 고민은 모두 인간관계에서 비롯된다'는 아들러 심리학의 전제였다. 처음엔 너무 단정적인 말처럼 들렸다. 삶에는 돈 문제도 있고, 건강 문제도 있고, 나이와 미래에 대한 불안도 있는데, 그걸 전부 인간관계로 묶는 게 맞을까 싶었다.

하지만 읽다 보니, 그 말이 전혀 근거 없는 주장처럼 느껴지지는 않았다. 돈이 부족한 것도, 나이가 드는 것도, 결국은 타인과의 관계 속에서 의미를 갖게 되는 경우가 많기 때문이다. 내가 괴로운 이유는 단순히 힘들어서라기보다, 그 힘듦이 어떻게 보일지, 어떻게 평가될지 신경 쓰이기 때문이라는 생각이 들었다.

『미움받을 용기』에서 가장 반복적으로 나오는 개념은 '과제의 분리'다. 누군가 나를 어떻게 생각할지는 그 사람의 과제이고, 내가 어떻게 행동할지는 나의 과제라는 주장이다. 특히 사람을 상대하는 일을 하다 보면, 타인의 반응을 완전히 떼어놓고 행동하는 건 거의 불가능에 가깝다.

곰곰이 생각해 보니, 나는 종종 타인의 과제까지 떠안고 살아왔다. 상대가 불편해하지 않도록 말투를 조절하고, 기분이 상하지 않도록 표정을 관리하고, 심지어 상대가 실망하지 않게 하기 위해 나 스스로를 과하게 설명하기도 했다.

그 과정에서 정작 내 마음은 늘 뒤로 밀렸다. 『미움받을 용기』는 그런 나에게 처음으로 "그건 네가 책임질 일이 아니다"라고 말해주는 책이었다.

이 책이 말하는 '미움받을 용기'는 실제로 미움을 받으라는 뜻이 아니다. 모두에게 잘 보이려는 욕심에서 벗어날 용기, 타인의 기대에 맞춰 살지 않을 용기를 말한다.

그 설명을 읽으며, 내가 그동안 얼마나 많은 선택을 타인의 기준에 맞춰 살았는지 돌아보게 됐다. 거절하지 못했던 부탁들, 원하지 않았지만 그냥 넘어간 상황들, 설명하지 않아도 될 일까지 굳이 해왔던 순간들이 떠올랐다.

특히 인상 깊었던 부분은 '인정 욕구'에 대한 이야기였다. 타인에게 인정받기 위해 사는 삶은 결국 자유롭지 못하다는 말이 오래 남았다. 나는 스스로를 꽤 독립적인 사람이라고 생각해 왔다. 혼자 살고, 혼자 결정하고, 혼자 책임지는 삶을 살아왔기 때문이다.

그런데 이 책을 읽으며, 겉으로만 독립적이었을 뿐 마음은 여전히 타인의 시선에 묶여 있었다는 사실을 인정하게 됐다.

나는 이미 수많은 평가를 받아왔다. 노골적이지 않더라도, 말투와 표정 속에 담긴 판단들을 느낄 때가 많았다. 그럴 때마다 나는 나름대로 괜찮은 이유를 준비해 왔다. 설명할 수 있으면 덜 상처받을 수 있을 거라 믿었다.

하지만 『미움받을 용기』는 그런 태도 자체가 이미 타인의 기준을 받아들이고 있는 상태일 수 있다고 말한다. 그 말이 불편했지만, 동시에 정확하다고 느껴졌다.

지금의 삶이 만족스럽지 않다면, 그것은 환경 때문만은 아니며, 스스로 선택해 온 결과일 수 있다. 이 부분에서 마음이 무거워졌다. 위로보다 책임을 건네는 말은 언제나 부담스럽다. 하지만 이상하게도, 그 부담이 전부 나를 탓하는 느낌은 아니었다. 적어도 앞으로의 선택은 내가 다시 정할 수 있다는 가능성을 함께 주었기 때문이다.

『미움받을 용기』를 읽고 나서 갑자기 용감해지지는 않았다. 여전히 거절은 어렵고, 불편한 말 앞에서는 망설인다. 대신 예전처럼 모든 관계를 잘 유지해야 한다는 강박은 조금 느슨해졌다. 누군가 나를 오해하더라도, 그것까지 바로잡아야 할 의무는 없다는 생각을 하게 되었다.

이 책은 삶을 따뜻하게 감싸주지는 않지만, 똑바로 서게 만든다. 누구의 기대를 충족시키기 위해 사는 삶이 아니라, 내가 선택한 삶을 살아가라고 말한다. 그 선택의 결과로 누군가에게 미움받을 수도 있다는 사실까지 포함해서 말이다.

『미움받을 용기』는 나에게 위안을 주기보다는 기준을 다시 세우게 만든 책이었다. 사람들과 적당한 거리를 유지하는 법, 책임져야 할 것과 내려놓아도 될 것을 구분하는 법을 처음으로 진지하게 생각하게 됐다.

오늘도 여전히 사람들 속에서 일하며 살아간다. 다만 모든 관계를 잘 해내야만 괜찮은 사람이라는 생각에서는 조금 벗어나 있다. 이 책이 내게 준 가장 큰 변화는, 바로 그런 관점을 갖게 되었다는 것이다.

『미움받을 용기』 - 기시미 이치로, 고가 후미타케

제대로 말하는 방법

손님이 몰리면 주문을 외치고, 주방과 홀을 오가며 접시를 나르느라 정신이 없다. 몸은 분주하지만 마음은 종종 외롭다.

『비폭력 대화』에서 로젠버그는 말한다.

“사람들은 자신의 필요와 감정을 표현할 때, 상대가 공격당했다고 느끼지 않도록 주의해야 한다.”

손님이 불평을 늘어놓을 때, 동료가 내 기분을 몰라줄 때, 나는 늘 화나고 억울했지만 그 감정을 제대로 표현하지 못했다. 대신 속으로 삭히거나, 웃으며 넘겼다. 그 결과, 감정은 쌓이고, 관계는 점점 멀어졌다.

로젠버그는 이런 상황에서 관찰-느낌-욕구-부탁이라는 네 단계가 필요하다고 말한다.

첫째, 관찰이다. 판단이나 해석 없이 사실을 보는 것이다.

둘째, 느낌을 솔직히 표현한다. 단, 비난 없이 내 감정을 말해야 한다.

셋째, 그 느낌 뒤에 있는 욕구를 알아차리고 명확히 한다.

마지막으로, 그 욕구를 충족시키기 위해 상대에게 구체적인 부탁을 해야 한다는 것이다.

책 속 구절 중 하나가 특히 기억에 남는다.

"우리가 서로를 공격하지 않고, 필요와 감정을 정직하게 표현할 때, 진정한 연결이 시작된다."

나는 매일 바쁘게 일을 하면서, 동료와 작은 말다툼을 겪곤 한다. 예전 같으면 그냥 화내거나 참으면서 마음속으로 화를 키우고, 나중에 혼자 삭혔을 것이다.

하지만 책에서 배운 대로, 상황을 관찰하고 내 감정을 말한 뒤 욕구를 확인하고 부드럽게 부탁을 할 수 있는 방법이 있다는 걸 알았다. 실제로 적용해보니, 예상외로 상황이 훨씬 부드럽게 풀렸다.

손님과의 갈등에서도 마찬가지였다. 불만을 말하는 손님에게 "제가 이해했습니다. 이렇게 해보는 건 어떨까요?"라고 말하면서, 상대가 내 마음을 공격으로 느끼지 않도록 주의를 기울였다.

결과는 놀라웠다. 감정이 덜 꼬이고, 상대와 나 사이에 작은 연결이 생긴 것이다.

책에서 로젠버그는 또 이렇게 말한다.

"사람은 평가받거나 비난받을 때 방어적이 된다. 하지만 공감과 이해가 있으면 누구나 마음을 열 수 있다."

책을 덮고 난 지금, 매 순간을 견디고 넘기는 것이 아니라, 내 감정을 관찰하고, 필요를 확인하고, 부드럽게 요청할 방법을 찾는다.

설거지를 하며 손끝 감각을 느끼고, 주문을 받으며 마음속으로 문장을 반복하며, 작은 갈등 속에서도 마음을 다스리는 연습을 한다. 이전에는 단순히 일과 인간관계를 버텨냈다면, 이제는 의식적으로 연결하고 이해하며 살아가는 연습을 하고 있다.

로젠버그의 말처럼, 진정한 소통은 공격이 아닌 이해와 공감에서 시작된다. 매일 반복되는 일상 속에서 이 작은 연습이 쌓이면, 언젠가 나는 후회 없는 하루를 보내며 살아갈 수 있을 것이라는 믿음이 생긴다.

『비폭력대화』 - 마셜 로젠버그

나에게 다정해지는 연습

식당에서 하루 종일 서서 일하다 보면, 내가 누구인지 잊어버릴 때가 많다. 아침마다 출근복으로 갈아입을 때, 피곤한 몸을 거울에 비춰보면서도 내 눈빛이 얼마나 지쳐 있는지 알아차리지 못할 때가 많았다.

이 책을 집어 든 건, 딱히 '마음 공부'를 하고 싶어서가 아니다. 그냥, 내가 너무 쉽게 지쳐버리는 사람이란 걸 내 자신에게 보여주고 싶어서였다.

정여울 작가의 『나를 돌보지 않는 나에게』는 말 그대로 "지쳐 있는 나에게 보내는 심리테라피"라는 느낌이었다. 책에는 딱딱한 이론이나 거창한 처방이 아니라, 내 마음을 살피게 하는 부드러운 말들이 가득했다.

"심리학은… 다른 누구도 아닌 내 마음과 친구가 되는 법을 가르쳐주었다." 이 한 문장이 특히 와닿았다.

20대 때는 친구들 만나 술도 마시고 수다 떨며 힘든 날을 달랬지만, 40이 넘은 지금은 일과 집, 음식과 졸음만 남았다. 이 문장을 읽으면서, 처음으로 내 마음을 친구라고 생각해본 것 같다. 친구라면 차갑게 대하지 않았을 텐데, 나는 내 마음을 얼마나 괴롭혀왔는지 되짚어보게 되었다.

"미련 없이 언제든 떠날 수 있는 자유를 사랑하는 것… 그것이 프리랜서의 삶이 내게 가르쳐준 용기의 본질이다."

나는 프리랜서는 아니지만, 식당에서 일하는 내가 이직을 고민할 때마다 항상 발목을 잡는 건 '실패하면 어떻게 하나'라는 두려움이었다.

이 문장을 읽고 나서야 내가 얼마나 스스로를 묶어놓고 있었는지 깨달았다. 자유를 사랑한다는 말이 이렇게 가볍게 들릴 줄이야. 그 순간, "내가 진짜 원하는 건 무엇인가?"를 처음으로 생각하게 되었다.

또 다른 구절 중엔 이런 말도 있었다.

“상처를 삭제할 수는 없지만, 상처를 바라보는 나의 프레임을 바꾸는 것, 그것이 진정한 치유의 시작이다.”

식당에서 일한 지 오래되다 보니 사소한 불만이나 작은 실수에도 마음이 쉽게 상한다. 그동안 상처를 피해 가려 했지, 정면으로 마주하려 하지 않았다.

그런데 이 문장을 읽고 나서부터는 상처가 ‘내가 약해서 생긴 실패’가 아니라, 지금의 나를 만든 흔적이라는 생각이 들었다. 상처를 다른 시각으로 보는 법을 배우는 게 치유의 출발점이라는 말이 이렇게 현실적으로 와닿을 줄은 몰랐다.

이 책의 좋은 점은 일상의 실천을 제안한다는 것이었다. 큰 깨달음이나 폭발적인 변화는 적었을지라도, 작가는 일상에서 바로 적용할 수 있는 마음 돌봄의 기술을 조곤조곤 이야기한다.

“노트에 내가 나를 싫어하는 이유 쓰기 그리고 다시 사랑해야 할 이유 쓰기” 같은 간단한 연습도 책 안에 소개되어 있어, 내가 할 수 있는 작은 실천부터 시작해보게 했다.

이 책을 덮고 나서 나는 조금 다른 사람이 되었다. 여전히 식당에서 매번 힘들 때도 있지만, 이제는 내 마음을 적어보는 시간을 갖는다. 오늘 내가 느끼는 감정을 몇 줄이라도 적어본다. 예전엔 그저 바쁘게 지나쳤던 감정들이다.

정여울 작가는 이 책을 “뜨거운 다정함의 기록”이라고 말했다.

그 표현이 맞다. 이 책은 누구의 인생을 크게 바꿔주진 않지만, 하루하루 살아가는 내 마음에 다정함을 주는 작은 기록으로 남았다. 그리고 그 다정함은 내가 나를 또다시 지켜낼 수 있게 하는 힘이 되었다.

『나를 돌보지 않는 나에게』 - 정여울

어떻게 살 것인가

살아오면서 자주 마주한 질문 중 하나는 아마 "뭐가 되고 싶어?"일 것이다. 처음에는 단순한 호기심에서 나온 말처럼 들리지만, 곱씹어볼수록 마음 한쪽을 무겁게 만드는 질문이기도 하다.

마흔이 넘어서도 그 물음에 명확한 답을 내놓지 못했다. 주변에서는 안정적인 직업을 갖고, 결혼하고, 미래를 계획하는 삶이 당연한 수순처럼 이야기하지만, 나에게는 그 어느 것도 자연스럽게 맞아떨어지지 않았다.

알랭 드 보통의 『뭐가 되고 싶냐는 어른들의 질문에 대답하는 법』을 읽으면서, 나는 오랫동안 스스로를 채찍질하며 살아왔다는 사실을 깨달았다. 책에서 그는 이렇게 말한다.

"진정으로 중요한 질문은 '무엇이 되고 싶은가'가 아니라 '무엇을 하면서 의미 있는 삶을 살 수 있는가'다."

처음 읽었을 때, 마음이 묘하게 울렸다. 늘 '무엇이 되어야 한다'라는 기준에 스스로를 맞추려 했다. 요리사, 홀서빙, 관리직, 심지어 다른 사람들의 추천까지, 하나하나가 나를 평가하는 잣대처럼 느껴졌다.

그런데 이 문장은 그 모든 잣대를 잠시 내려놓게 만들었다. 중요한 건 직업 자체가 아니라, 그 일을 하면서 내가 어떤 삶을 만들고 싶은가였다.

책에서는 직업 선택을 어렵게 만드는 여러 요소를 짚는다. 재능, 적성, 사회적 기대, 돈, 안정성 등 이런 요소들 앞에서 갈등해왔다. 솔직히 말하면, 요리는 좋아하지만 완전히 전문 요리사가 될 용기는 없었다. 홀서빙도 그저 버티기 위한 수단처럼 느껴질 때가 많다. 그런데 작가는 이런 선택의 고민이 잘못된 게 아니라고 말한다.

"자신에게 맞는 일을 찾는 과정은, 완벽한 정답을 찾는 것이 아니라, 자신이 무엇을 소중히 여기는지를 이해하는 과정이다."

이 부분이 가장 와 닿았다. 그동안 직업을 성공 여부로 판단하려 했고, 그 기준에 맞지 않으면 불안했다.

하지만 책을 읽고 나니, 삶에서 중요하게 생각하는 가치와 즐거움을 기준으로 삼아도 충분하다는 생각이 들었다. 오늘 하루를 어떻게 보내고 싶은지, 어떤 순간에 성취감과 보람을 느끼는지, 그 느낌들이 사실 나를 가장 잘 아는 잣대였다.

특히 인상 깊었던 장면은 '질문의 방식'을 바꾸라는 조언이었다. 단순히 "무엇이 되고 싶어?"라고 묻는 대신, 아래와 같은 질문을 던져보다.

"오늘 하루를 보내며 무엇이 즐거웠는가?"

"내가 보람을 느낀 순간은 언제인가?"

식당에서 하루를 보내면서도, 손님이 만족스러워할 때, 동료와 협력해 일이 잘 풀렸을 때, 작은 성취를 느낀다. 그동안 그것들을 직업의 가치와 연결시키지 못했을 뿐이었다.

직업과 자기 가치 사이의 불안을 솔직하게 다루는 것도 인상깊게 다가왔다. 사회가 정한 '성공의 기준'에 맞추려다 보면 스스로를 평가절하하게 되고, 결국 불안 속에서 선택을 미루게 된다고 말한다.

이 글을 읽으면서 마음 한쪽이 후련해졌다. 내 선택이 느리고, 때론 우물쭈물하는 것은 부족해서가 아니라, 사회가 만든 기준 때문에 스스로를 너무 몰아붙였기 때문이라는 것이다.

"완벽한 직업은 존재하지 않는다. 중요한 것은 직업 자체가 아니라, 그 안에서 의미를 찾고, 책임을 지며, 성장하는 경험이다."

이 문장을 읽고 나서, 지금 하고 있는 일이 전혀 쓸모없다고 느끼지 않게 되었다. 하루 종일 서 있어야 하고, 손님과 부딪히며 때로는 무례한 말을 들어야 하지만, 그 안에서도 나는 문제를 해결하고, 누군가에게 작은 만족을 주고, 스스로의 한계를 시험한다. 그것이 나만의 의미라는 생각이 들었다.

책을 다 읽고 나서, 나는 어른들의 질문에 답하는 방식이 조금 바뀌었다. 이제는 겉으로 맞춰주는 대답을 하지 않는다.

"그냥 하고 싶은 걸 하고 있어요."

솔직하게 말하면서, 그 말을 스스로도 믿는다. 중요한 것은 누군가에게 인정받는 직업이 아니라, 내가 하루를 어떻게 보내고, 어떤 순간에 기쁨을 느끼는지를 마음에 새기는 것이다.

주어진 일들 앞에서 손을 움직이며 사람들과 관계를 맺는다. 여전히 버거운 순간은 많지만, 그 속에서 내가 무엇을 즐기고 무엇을 의미 있게 느끼는지 조금 더 의식하게 된다.

알랭 드 보통이 말한 것처럼, 직업은 나의 삶을 정의하는 단 하나의 답이 아니다. 오히려 매일 선택하는 태도와 경험 속에서 나는 나만의 삶을 만들어간다.

『뭐가 되고 싶냐는 어른들의 질문에 대답하는 법』은 나에게 직업과 삶의 의미를 다시 생각하게 한 책이다. 완벽한 답을 찾으려 애쓰지 않아도 되고, 남들이 만든 기준에 자신을 맞출 필요도 없다는 사실을 깨닫게 해주었다.

손님을 맞이하고 음식을 준비하며 작은 의미를 찾는다. 그 경험들이 모여 내가 누구인지, 어떤 삶을 원하는지를 조금씩 보여준다.

이제 누군가 "뭐가 되고 싶어?"라고 물으면, 더 이상 주저하지 않고, 솔직하게 대답할 수 있을 것 같다.

『뭐가 되고 싶냐는 어른들의 질문에 대답하는 법』- 알랭 드 보통

삶의 주인이 되어라

내가 정말 내 삶을 살아가고 있는지 의문이 들 때가 있다. 하루 종일 해야 할 일들에 묶여 움직이며 반복되는 일상을 보내다 보면, 하루가 끝난 뒤에도 머릿속은 좀처럼 쉬지 못한다.

사람들에게 성실히 역할을 다하고 관계를 맞춰 가지만, 정작 내 선택으로 살아가고 있다는 감각은 희미하다. 그런 내 마음을 그대로 드러내는 듯한 책이 피터 비에리의 『자기 결정』이었다.

"자신의 삶을 스스로 결정하지 못하는 사람은, 아무리 외형적으로 자유로워 보여도 실은 자기 삶을 타인에게 맡긴 채 살아가는 것이다.”

이 구절을 읽었을 때, 심장이 잠시 멎는 느낌이 들었다.

지금 스스로 선택하고 있다고 믿고 있었지만, 사실 매번 주변 환경과 타인의 기대에 맞추어 결정하고 있었다. 혼자 살아가고 있다는 사실 때문에 스스로를 독립적이라고 생각했지만, 마음 깊은 곳에서는 타인의 평가를 신경 쓰며 하루하루를 살아왔다는 것을 알았다.

자기 결정이 단순히 자유로운 선택이나 하고 싶은 일을 하는 것을 말하는 게 아니다. 오히려 자신의 삶의 방향을 설정하고, 그 기준에 따라 행동하며, 때로는 불편한 선택을 마주하는 과정 자체가 자기 결정이라고 한다.

비에리는 이런 자기결정을 가능하게 하는 요소로 ‘자기 인식’을 강조한다. 자신이 무엇을 원하는지, 무엇을 소중히 여기는지를 제대로 알지 못하면 선택이 늘 흔들리고, 결국 타인의 기준에 맞추어 살게 된다는 것이다.

하루를 보내며 문득 마음 한쪽이 무겁다는 것을 느낄 때가 있다. 일이 힘들어서라기보다, 선택이 온전히 내 것이 아닌 순간이 많았기 때문이다. 타인의 요구에 맞추고, 관계 속에서 의견을 조율하며, 주어진 방식에 따르는 일들 속에서 내 의지가 어디에 있는지 잊어버리곤 했다.

비에리의 글을 읽으면서, 그 무거움이 단순한 피곤함이 아니라, '내 삶의 주인이 아니기 때문에 느끼는 무력감'임을 이해하게 되었다.

책에서 가장 와닿았던 부분은 다음 구절이다.

"자기 삶의 기준을 스스로 세우는 사람만이, 어떤 상황에서도 존엄과 행복을 유지할 수 있다."

이 문장을 읽으며, 나는 그동안 작은 결정조차 타인의 시선에 맞추어 왔다는 것을 깨달았다. 동료에게 어떻게 부탁을 전달할지, 손님에게 어떤 태도로 대할지, 사소한 선택이라도 내 기준으로 결정했을 때 비로소 마음이 편해진다는 사실을 떠올렸다.

작은 것 같지만, 이런 반복 속에서 자기결정의 연습이 이루어진다는 생각이 들었다.

또한 자기결정이 반드시 쉽지 않다는 점을 강조한다. 자기 결정을 한다는 것은 책임을 지는 일이고, 때로는 타인에게 불편함을 줄 수도 있는 선택을 의미한다.

그러나 책임을 피하며 타인의 기대에 맞춰 살아가는 삶은 겉보기에는 안전해 보여도, 사실 스스로를 억누르는 삶일 뿐이다. 평생 누군가의 눈치를 보며 살지는 않았지만, 내 선택의 책임을 온전히 받아들이는 일에는 늘 두려움이 있었다.

책을 읽는 동안 나의 삶과 선택을 하나하나 떠올렸다.

사람들과 마주하며 역할을 수행할 때, 나는 어떤 순간에 만족을 느끼는가.

주어진 일을 해내는 과정에서 언제 마음이 놓이는가.

단순히 할 일을 끝냈다는 성취감이 아니라, 나만의 기준으로 판단하고 행동했을 때 비로소 마음이 편해진다는 사실을 깨달았다. 그리고 그 경험들이 바로 자기결정의 작은 순간들이었음을 이해하게 되었다.

자기 결정을 가능하게 하는 또 다른 요소로 '외부 영향에서 거리 두기'가 있다. 다른 사람의 기대, 사회적 관습, 주변의 평가가 우리의 결정에 끼치는 영향을 인식하고, 필요할 때는 그것들로부터 거리를 두는 연습이 필요하다는 것이다.

지금까지 나는 다른 사람의 평가를 의식하며 선택을 미뤄온 순간이 많았지만, 이제는 그 시선을 완전히 따르지 않아도 된다는 생각이 들었다.

책을 읽은 후, 이제 작은 선택이라도 내 기준으로 해보려 한다. 손님에게 어떻게 서비스를 제공할지, 동료와 어떤 방식으로 일을 조율할지, 심지어 하루를 어떻게 보내고 마무리할지, 내 선택이라는 생각으로 임한다.

그 선택이 언제나 옳거나 완벽하지 않아도 상관없다. 중요한 것은 그것이 내 삶의 일부라는 사실이다.

『자기 결정』은 자기 삶의 주체로 서는 감각을 되돌려준 책이다. 꿈을 찾거나 거창한 목표를 세우라고 말하기보다, 매일의 선택과 책임 속에서 스스로를 주인으로 세우는 연습이 필요하다는 사실을 조용히 일깨운다.

반복되는 일상 속에서도 선택을 의식하고 받아들이는 태도는 삶의 밀도를 바꾸어 놓는다. 비에리가 말한 존엄과 행복은 먼 미래의 변화가 아니라, 바로 이러한 작은 선택에서 비롯된다.

이 책이 남긴 가장 큰 울림은, 삶의 주체로 서는 일이 특별한 계기나 극적인 변화에서만 가능한 것이 아니라는 점이다. 하루의 사소한 선택 하나하나 속에서도 충분히 가능하다는 사실과 그 감각을 품은 채, 하루를 마무리하게 된다.

『자기 결정』 - 피터 비에리

하루를 바꾸는 반복

일상의 반복 속에서, 오늘 내가 무엇을 이뤘는지 쉽게 알 수 없을 때가 있다. 그런 순간이면 자연스럽게 "내 삶을 바꾸고 싶은데, 어디서부터 시작해야 하지?"라는 질문이 떠오른다.

바로 그 물음과 마주했을 때, 제임스 클리어의 『아주 작은 습관의 힘』을 접하게 되었다.

처음 책을 펼쳤을 때, 솔직히 반신반의했다. 습관이라면 아침 일찍 일어나 운동하기, 책 읽기 같은 거창한 것만 떠올렸지, 지금 매일 반복하는 일상과 연결될 거라고는 생각하지 못했다.

그런데 클리어는 처음부터 생각을 바꾸게 만들었다. 그는 이렇게 말한다.

“작은 습관의 변화가 쌓이면 놀라운 결과를 만든다. 하루 1%의 개선이 쌓이면 1년 후에는 37배의 차이를 만들어낸다.”

이 한 줄이 큰 울림을 주었다. 매일 반복되는 일상 속 작은 행동도 ‘작은 습관’으로 삶을 바꿀 수 있다는 생각이 들었다. 그동안 나는 큰 변화만 꿈꾸고, 오늘 하루를 의미 없는 반복으로 치부해 왔다. 클리어는 그 반복 속에서도 가능성을 발견하게 해주었다.

책에서 핵심적인 개념은 습관의 4단계였다. 신호-욕구-반응-보상의 순서로 습관이 형성된다.

예를 들어 매일 아침 준비를 하며 자연스럽게 커피를 마시거나, 일과를 점검하는 행동을 반복한다. 그런 작은 행동들이 이제는 무의식적인 습관이 되었고, 클리어는 이런 일상적 행동도 체계적으로 설계할 수 있다고 말한다.

“습관을 바꾸고 싶다면 환경을 바꿔라. 환경이 행동을 이끌고, 행동이 정체성을 만든다.”

이 문장을 읽고, 주변 환경을 조금씩 바꿔보기로 했다. 물건 배치를 바꾸거나, 일과를 정리하는 순서를 조정하는 작은 변화만으로도 하루의 효율과 흐름이 달라질 수 있다는 사실이 분명해졌다. 이전에는 ‘환경이 어쩔 수 없지’라며 포기하곤 했지만, 이 책은 작은 환경까지도 설계할 수 있다는 가능성을 보여주었다.

또한 클리어는 좋은 습관은 쉽고, 나쁜 습관은 어렵게 만들라고 조언한다. 나는 쉬운 길을 택하며 나쁜 습관에 빠지곤 했다. 스마트폰을 오래 보는 일, 해야 할 일을 미루는 일 같은 것들이다.

책을 읽은 후에는, 작은 신호만으로 나쁜 습관을 막고, 좋은 습관을 시작할 수 있는 환경을 만들어보기로 했다. 체크리스트를 눈에 잘 보이는 곳에 두고, 방해 요소는 잠시 다른 공간에 두었다.

이 책에서 특히 인상 깊었던 개념은 정체성 기반 습관이다. 클리어는 단순히 무엇을 하느냐가 아니라, "나는 어떤 사람으로 살고 싶은가?"라는 질문에서 습관을 시작하라고 말한다.

"습관은 목표를 달성하기 위한 수단이 아니라, 자신이 되고 싶은 사람을 보여주는 증거다."

하루하루를 '성실하게 살아가는 사람'으로 정의하면, 작은 행동 하나하나가 정체성을 보여주는 증거가 된다. 설거지를 꼼꼼히 하고, 사람들에게 친절을 베풀고, 주변을 돕는 작은 습관들이 쌓이면 '책임감 있는 사람'으로 살아가는 증거가 되는 것이다.

이 책을 읽은 후로는 하루를 조금 더 의식하며 살아보려 했다. 매일 아침 오늘 선택할 작은 습관들을 떠올리고, 일상 속 사소한 행동 하나하나를 의미 있게 연결하려 했다.

사람들에게 인사하는 습관, 주변을 정리하는 습관, 마음을 편안히 유지하는 습관 등. 반복되는 하루 속에서도, 그 안에서 조금씩 변화하고 있다는 감각이 생겼다.

변화는 여전히 쉽지 않다. 예상치 못한 일로 피곤할 때도 있다. 그러나 클리어가 강조한 작은 습관의 힘을 믿고, 하나씩 쌓아가는 과정 자체가 삶을 조금 더 주체적으로 만든다는 사실이 중요했다.

『아주 작은 습관의 힘』은 반복되는 일상을 의미 있는 시간으로 바꿀 수 있는 눈을 열어주었다. 큰 변화가 없어도, 사소한 선택과 행동 하나하나가 모여 결국 큰 변화를 만든다는 사실을 보여주었다.

오늘도 평범한 하루 속에서, 작은 습관 하나하나가 나를 조금씩 다른 사람으로 만들고, 그 변화를 조금씩 체감하며 살아간다.

『아주 작은 습관의 힘』 - 제임스 클리어

지금 이 자리에서 나를 넘는 선택

『위버멘쉬』라는 책 제목을 처음 보았을 때, 솔직히 부담스럽게 느껴졌다. 초인이라니. 매일 반복되는 일상 속에서 살아가는 내게 그런 말은 너무 멀게 느껴졌다.

하지만 책을 읽으면서, 그것이 거창한 영웅담이 아니라 각자의 삶을 성찰하게 하는 질문이라는 것을 알게 되었다.

책이 처음 던지는 질문은 단순했다.

"당신은 지금, 스스로의 삶을 살아가고 있는가?"

이 질문은 일상 속으로 나를 끌어당겼다. 주변의 기대와 규범,

해야 할 일과 해야 한다는 마음 속 작은 목소리들이 쌓여, 내가 내린 결정처럼 느껴지지 않는 순간이 많았다.

책은 니체의 초인 개념을 현대적으로 해석한다. 초인이란 기존 도덕과 규범을 그대로 따르지 않고 스스로 삶의 가치를 만들어 내는 인간을 말한다.

여기서 강조되는 것은 단순히 뛰어난 존재가 아니라, 자신의 판단과 선택에 책임을 지며 삶을 창조하는 사람이다. 책 속에는 이런 문장이 나온다.

"스스로 한계를 넘어서는 자, 주어진 규칙이 아니라 자신이 믿는 가치를 따르는 사람"

이 문장을 읽으며 작은 한계들을 떠올렸다. 누군가의 기대나 평가, 실수하지 않으려는 마음. 이런 것들이 내 것이 아니라 타인의 기준이었다는 사실이 선명히 다가왔다.

책은 고통과 자기 극복에 대해서도 여러 차례 언급한다. 니체는 고통을 단순히 피해야 할 불행으로 보지 않는다.

오히려 고통은 자기 초월의 조건이며, 불편하고 낯설더라도 스스로 판단하고 책임지는 순간이 중요하다고 말한다.

이 책은 위로를 주기 위해 쓰인 것이 아니다. 초인은 각자의 현실 앞에서 스스로 질문하고 답을 찾아야 하는 존재다. 신의 존재나 외부 기준에 의존하지 않고, 스스로 삶의 의미와 가치를 창조해야 한다는 메시지가 분명하게 느껴졌다.

"네 안에 숨겨진 힘을 발견하고, 삶을 스스로 창조하라."

지금 있는 자리에서 어떤 기준으로 판단하고 선택해왔는지를 돌아보게 만들었다. 일상이 힘든 것은 누구나 알지만, 그것만이 삶의 전부는 아니라는 생각이 들었다.

어떤 상황에서도 선택에 책임을 지고, 그 선택을 통해 나만의 가치를 조금씩 만들어간다는 생각은 쉽지 않지만 의미 있었다.

책은 타인의 시선에서 벗어나 자신의 기준을 세우는 법도 다룬다. 우리는 어릴 때부터 해야 할 것과 하면 안 될 것을 배우며, 타인의 기준을 내 안에 받아들이며 살아온다. 이 책은 그 틀에서 벗어나 스스로의 판단 기준을 세워보라고 권한다.

사람들과 마주하고, 해야 할 일을 수행하며, 예상치 못한 상황이 생겨도 스스로에게 묻는다.

"지금 내가 하는 선택은 누구를 위한 선택인가?"

이 질문이 처음에는 불편했지만, 반복할수록 마음이 명료해졌다.

물론 여전히 쉽지 않다. 타인의 기대에서 완전히 자유롭지 못하다. 주변 사람들의 말과 사회적 평가가 여전히 행동 기준에 영향을 주기도 한다.

하지만 그 순간에도 판단을 정리하려는 시도가 달라졌다. 더 이상 외부의 잣대에만 흔들리지 않으려 한다.

책의 마지막 부분은 삶을 대하는 태도를 정리한다. 거창한 이상이 아니라 한 순간 한 순간 스스로 기준을 세우고 책임을 지며 선택하는 삶이다.

누군가에게 인정받기 위해 살지 않고, 내 내면을 바라보고 질문하는 삶은 여전히 불안하고 어렵다. 그러나 그 불안과 어려움조차 나만의 길을 닦아가는 과정이라는 생각이 들었다.

일상의 선택이 조금 더 무게 있게 느껴졌다. 사람들에게 웃으며 인사하고, 일을 꼼꼼히 처리하며, 동료와 협력하는 순간들까지, 이제는 누구의 눈치가 아니라 내 판단으로 하는 것처럼 느껴졌다.

위버멘쉬란 특별한 존재가 아니라 지금 이 자리에서 스스로를 조금씩 넘어서는 존재라는 생각이 들었다.

『위버멘쉬』는 철학적 개념이 아니라, 매일의 선택 속에서 스스로 기준을 세우는 연습으로 남았다. 오늘도 반복되는 일 속에서, 작은 선택 하나하나에 나의 기준을 조금씩 세워본다.

『위버멘쉬』 - 프리드리히 니체

작은 순간에 마음을 두는 연습

사람들의 불평과 짧은 웃음, 때로는 무심한 시선을 마주한다. 하루가 끝나면 몸은 피곤하고, 마음도 조금은 쓸쓸하다. 그렇게 사는 내가 어쩌면 불행한 사람일지도 모른다는 생각이 들 때, 우연히 버트런드 러셀의 『행복의 정복』을 손에 들었다.

처음에는 솔직히, 철학자라는 사람이 쓴 책이 나 같은 평범한 사람에게 와닿을까 하는 의심이 있었다. 그런데 러셀은 복잡한 이론을 늘어놓는 대신, 아주 단순한 말로 사람을 돌아보게 했다.

“행복은 우연히 찾아오는 것이 아니라, 우리가 이해하고 노력해야 얻을 수 있는 것이다."

그 문장을 읽으며, 잠시 나 자신을 돌아보았다.

책의 앞부분에서는 불행의 원인을 분석한다. 러셀은 질투, 경쟁, 피로, 죄책감 같은 감정이 사람을 갉아먹는다고 말한다.

내 생활과 겹치는 부분이 많다는 걸 깨달았다. 나도 동료와의 사소한 마찰에 마음이 흔들리고, 손님들의 무례함에 마음이 상하며, 혼자인 내 생활을 때로는 죄책감처럼 느끼곤 했다. 러셀은 그런 감정들을 그냥 감수하는 것이 아니라, 이해하고 조절해야 한다고 했다.

특히 기억에 남는 구절이 있다.

"행복을 원한다면, 사소한 일에도 열정을 가지라. 작은 일 속에서 기쁨을 찾는 사람만이 진정으로 행복할 수 있다."

나는 그 문장을 몇 번이나 되새겼다. 식당에서 접시를 닦고, 음식을 나르고, 손님에게 웃음을 건네는 일이 특별하지 않다고 생각했는데, 러셀은 오히려 그런 순간에 행복의 씨앗이 있다고 말한 것이다.

예전에는 일이 끝나면 '오늘 하루도 그냥 버텼다'라는 생각만 들었지만, 이제는 '오늘은 손님에게 작은 친절을 베풀었다'거나 '힘들었지만 웃음을 잃지 않았다'는 사실에 의미를 두게 된다.

러셀은 또한 "다른 사람에게 관심을 가지고, 자기 밖의 세계에 마음을 쏟는 사람이 행복하다"라고 했다. 식당에서 많은 사람을 만나고, 그들의 하루를 잠깐이나마 밝게 만드는 일이 내가 할 수 있는 작은 행복이라는 생각이 들었다.

책에는 현대인의 불행에 대한 분석이 이어진다. 그는 너무 많은 걱정과 과도한 자기 반성, 미래에 대한 불안이 우리를 불행하게 만든다고 했다.

이 부분에서 깊이 공감했다. 혼자 사는 사람으로서 미래에 대한 걱정이 많았고, 나의 선택을 계속 돌아보며 자책할 때가 많았다. 그런데 러셀의 말은 단순하면서도 날카로웠다.

"과거는 바꿀 수 없고, 미래는 아직 오지 않았다. 현재를 사는 사람만이 진정한 기쁨을 맛볼 수 있다."

나에게 현실을 받아들이고 작은 순간을 소중히 여기라는 메시지로 다가왔다.

마음이 조금 가벼워졌다. 혼자 살고, 매일 똑같은 일을 반복하며 지친다. 하지만 이제는 그 속에서도 작은 행복을 찾을 수 있겠다는 생각이 든다.

손님에게 건넨 미소, 동료와 나눈 짧은 농담, 힘들지만 해낸 일에 대한 자기만의 칭찬. 이런 사소한 순간들이 모여 삶을 조금 더 따뜻하게 만든다는 것을 러셀이 알려주었다.

갈등하며 마음 상하는 시간을 줄이고, 작은 일 속에서 즐거움을 찾고, 하루하루를 조금 더 소중히 여기겠다고. 행복은 거창한 일이 아니라는 걸, 지금의 나에게 맞는 방식으로 찾아야 한다는 걸, 러셀은 단순하지만 진심 어린 글로 일깨워 주었다.

"행복은 목적이 아니라, 노력의 결과다. 즐거움을 느낄 줄 아는 사람이 진정으로 행복하다."

비록 세상은 바쁘고, 마음은 종종 지치지만, 러셀의 말처럼 '즐거움을 느낄 줄 아는 나'를 조금씩 만들어가고 싶다.

『행복의 정복』 - 버트런드 러셀

매일매일의 선택

오래전부터 '잘 사는 것'이 무엇인지에 대해 명확한 답을 가지지 못했다. 식당에서 홀서빙과 조리를 병행하며 하루를 보내는 삶은 반복적이고 바쁘다. 손님 사이에 끼어 주문을 처리하고, 재료를 다루다가도 문득 내가 무엇을 위해 이 일을 하는지 스스로에게 묻게 된다.

그래서 『리빙 웰』을 펼쳤다. 제목만으로도, 단순히 '행복해지는 법'보다 훨씬 현실적인 이야기를 담고 있을 것이라고 기대했다.

리처드 템플러는 이 책에서 좋은 삶으로 나아가기 위한 일상의 원칙들을 제시한다. 삶 전체를 단번에 바꾸는 커다란 지침이 아니라, 우리 각자가 매일을 살아가며 마주치는 선택과 고민 속에서 적용할 수 있는 작고 실천 가능한 법칙들이다.

책의 구조 자체가 그렇게 설계되어 있어서, 필요한 부분을 먼저 펼쳐 읽어도 좋고 순서대로 읽어도 좋게 되어 있다.

가장 먼저 내게 와 닿은 원칙 가운데 하나는 “스스로를 돌보고 책임지는 삶이란 결국 나 자신과의 약속을 지키는 데서 시작된다”라는 내용이었다.

행복이란 항상 일정한 상태가 아니며, 온종일 지속되는 수치도 아니라는 것이다. 우리 삶에는 기쁨과 만족, 불만과 피로가 뒤섞여 있으며 그것을 모두 인정하는 가운데 균형을 찾아가는 것이 진짜 ‘웰빙’이라는 지적이 이 책의 중심이다.

삶에는 부침이 있고, 좋은 날과 나쁜 날을 모두 아우르는 것이 전체적인 만족의 핵심이라고. 우리는 종종 연속되는 하루들 속에서 한두 번의 실패를 크게 느끼고 스스로를 책망한다.

하지만 템플러는 이런 판단 자체가 오히려 우리의 시선을 왜곡할 수 있다고 말한다. 삶의 균형을 맞추는 법, 회복력과 자신감을 갖는 법, 역경에 맞서는 법은 완벽함이 아닌 ‘적절한 대응’에서 나온다는 점을 강조한다.

또 다른 구절에서는 “내가 어떤 일을 하고, 어떤 생각을 하며, 어떤 느낌을 갖는지를 이해하는 것이 웰빙의 출발점”이라고 한다. 이것은 일상에 대한 성찰을 요구하는 것처럼 들렸고, 동시에 나 자신에게 솔직해지는 과정이라고 느껴졌다.

우리는 ‘해야 하는 일’에만 집중한 나머지, 실제로 우리가 왜 그것을 하고 있는지를 묻지 않는다. 하루에도 여러 번 손님을 응대하면서도, 그 순간순간 내 마음이 어디로 향하는지 돌아볼 틈이 없었다.

어떤 페이지에는 우리의 일상 속 사소한 규칙들이 ‘삶의 질’을 결정할 수 있다는 말도 있다. 규칙적으로 쉬는 시간을 갖는 일, 몸이 피곤할 때 스스로에게 관대해지는 일, 작은 성취를 스스로 인정하는 일 같은 것들이 그것이다.

겉보기에는 작고 사소해 보이는 행동들이 모여 우리 삶의 만족을 만들 수 있다는 주장이다. 이런 원칙들은 ‘큰 목표’나 ‘꿈’을 말하기보다, 지금 우리에게 주어진 시간과 선택을 어떻게 쓰고 있는지를 돌아보게 한다.

책 속 교훈 가운데 또 하나는 정신 건강과 신체 건강을 함께 다루는 부분이었다. 템플러는 웰빙이란 단순히 행복한 기분을 유지하는 게 아니라고 말한다.

그것은 스스로를 돌보고, 때로는 개인적인 한계와 불편함을 견디며, 나 스스로에 대한 책임감을 키워가는 과정이다. 스스로의 몸과 마음을 챙기는 일이 일상에서 반복될 때, 그 삶은 겉으로 보이는 성취보다도 훨씬 깊은 만족을 줄 것이라는 것이다.

일하면서 '연속된 하루' 속에서 나를 잃어버리곤 했다. 이 책을 읽으며 깨달은 것은, 좋은 삶은 '지금 이 순간의 선택'에서 시작한다는 점이었다. 오늘 하루를 어떻게 보냈는지 스스로에게 조용히 질문해보는 일이 생각보다 중요하다는 사실을 받아들이기까지 시간이 걸렸다.

주문이 몰려 정신없이 바쁠 때 내가 스스로에게 던질 수 있는 질문은 단순하다.

지금 나는 어떤 마음으로 이 일을 하고 있는가.

내 몸과 마음은 어떤 상태인가.

이러한 질문은 달성해야 할 목표가 아니라, 나 자신을 관찰하는 작은 성찰의 순간이다. 그런 순간들이 모여 우리가 어떤 삶을 살고 있는지에 대한 답을 조금씩 제공한다.

책은 또한 역경에 대한 태도에 대해 말한다. 삶에는 피할 수 없는 어려움이 있으며, 그것을 피하는 것이 아니라 적절히 받아들이고 스스로를 돌보는 방식으로 대응하는 것이 중요하다고 한다.

어떤 일이 잘 풀리지 않을 때 그것이 곧 나의 실패라고 여겼다.

그러나 이 책은 그런 관점을 부드럽게 비틀며, 역경 역시 우리 삶의 한 부분임을 인정하게 한다. 그렇게 인정하고 나서 우리는 더 유연하고 덜 급진적인 태도로 삶을 마주할 수 있게 된다.

리처드 템플러의 글은 지나치게 감성적이거나 과도하게 열정적이진 않다. 대신 꾸준함과 일상의 선택을 존중하는 태도를 보여준다.

그 태도는 특별한 삶의 조건을 요구하지 않는다. 아침 일찍 출근하고, 손님을 맞이하며, 동료와 조율하는 평범하고 반복적인 하루 속에서도 적용될 수 있다. 그 자체가 삶의 질을 바꾸는 작은 원칙이라는 생각이 들었다.

『리빙 웰』을 읽고 난 뒤, 큰 꿈이나 극적인 변화를 쫓기보다, 매일의 선택에 대해 조금 더 신중해졌고, 나 자신에게 작은 친절을 베풀 줄 알게 되었다.

『리빙 웰』 - 리처드 템플러

걱정 멈추기

늘 마음속에 작은 불안을 안고 살아왔다. 반복되는 일상 속에서도 작게나마 자신을 가꾸기 위해 책을 읽는 시간을 만들었다. 그런 나에게 데일 카네기의 『자기관리론』은 불안과 걱정을 바라보는 새로운 눈을 열어준 책이었다.

카네기는 걱정이란 인간이 피할 수 없는 감정이지만, 그것이 삶을 지배하도록 내버려 두어서는 안 된다고 말한다. 손님이 많아 정신없는 날에는 머릿속이 온통 다음 주문과 예상치 못한 요청으로 가득 차고, 그럴수록 마음속 작은 불안들이 스멀스멀 올라왔다. 그러나 카네기는 말한다.

"걱정을 멈추는 첫 단계는 문제를 명확히 정의하는 것이다."

그동안 걱정을 추상적으로만 느꼈지, 그것이 어떤 생각과 행동으로 나타나는지를 들여다본 적이 없었다. 책은 단순히 '걱정을 버려라'가 아니라, 생각을 하나씩 분석하고 정리하라고 말한다.

카네기는 이어서 이렇게 쓴다.

"만약 최악의 상황이 실제로 일어날 수 있다면, 그것을 마음속으로 먼저 받아들이고, 그 다음에 최악을 극복할 수 있는 계획을 세워라."

머릿속에 늘 떠다니던 '불확실한 미래에 대한 걱정'이 얼마나 많은 에너지를 소모하게 했는지 깨달았다. 일을 하면서 가장 힘들었던 부분은 불확실성이다.

손님이 언제 몰릴지, 주방에서 불협화음이 생기면 어떻게 수습할지, 내가 몸이 아플 때는 어떻게 해야 할지. 이런 불확실함 때문에 늘 마음 한쪽이 무거웠다.

그런데 카네기는 이 구절을 통해 최악을 미리 생각해 보고, 그것을 받아들이는 것 자체가 마음을 가볍게 한다고 말하고 있었다. 최악의 상황을 상정하고 그것을 받아들인 뒤 대응책을 세우는 과정은 불안의 실체를 분명히 해 준다.

이 원리를 실생활에 적용해 보기로 했다. 예를 들어 갑자기 손님이 몰릴 때마다 '어떻게 해야 하지'라고 막연하게 생각하는 대신, '만약 이 상황이 벌어진다면 어떻게 움직일 것인가'를 마음속으로 먼저 정리한 것이다.

또 다른 부분에서 카네기는 과거에 얽매이지 말고 현재에 집중하라고 말한다. 과거의 실수와 후회는 우리의 마음을 묶어두는 쇠사슬과 같다고 했다.

지나간 실수들, 손님에게 무심코 한 말 때문에 마음이 불편했던 일, 조리 중 실수로 재료를 낭비했을 때의 기억들에 머물러 있었다. 그 기억들은 이미 지나간 일인데도 불구하고 마음속에서 자꾸 멀어지지 않았다.

"과거는 우리가 되돌릴 수 없는 시간이다. 그것을 붙들고 있느라 현재를 놓쳐서는 안 된다."

이 문장은 단순한 위로 이상의 의미를 주었다. 과거의 실수를 돌아보는 것은 좋지만, 그것에 집착해 현재를 흐리게 만들지 않는 것이 중요하다는 깨달음이었다.

그래서 '실수했을 때 그것을 인정하고 흘려보내는 연습'을 하기로 했다. 물론 처음에는 쉽지 않았다. 무심코 떠오르는 기억들에 마음이 끌려갈 때가 많았다.

하지만 그럴 때마다 책에서 읽은 문장을 떠올리며, '지금 이 순간 내가 할 수 있는 최선을 다하자'라고 스스로를 다독였다.

카네기는 또한 '지금 할 수 있는 일에 온전히 집중하라'고 말한다. 우리는 때때로 미래의 불확실함에 마음을 빼앗기지만, 실제로 우리가 통제할 수 있는 것은 오직 현재의 행동뿐이라고 한다.

손님을 응대할 때, 머릿속으로 무언가를 계산하려 했다. 다음 테이블의 주문, 남은 재료, 마감 시간까지. 그런데 책은 '지금 이 순간'에 집중하라고 말한다.

이 조언을 매일 연습해 보기로 했다. 손님 한 분 한 분에게 집중하며 눈을 맞추고, 조리 중에는 각 단계에 집중하며 움직였다. 처음엔 작은 변화처럼 느껴졌지만, 시간이 흐를수록 내가 하는 행동이 보다 명확해지고 마음도 조금씩 편안해졌다.

'지금 여기'에 집중하는 것은 불안한 마음을 줄이는 데 효과적이었다.

카네기는 '스스로를 과도하게 몰아붙이지 말라'고 권한다. 우리는 자기 자신에게 너무 엄격한 잣대를 들이대는 경우가 많다. '

더 잘해야 한다', '더 성실해야 한다'는 마음이 과해질 때, 우리는 스스로에게 큰 부담을 준다. 하지만 카네기는 지나친 자기 비판은 오히려 발전을 가로막는다고 말한다.

이 부분에서 나는 스스로를 향한 태도를 되돌아보았다. 일이 힘들 때, 스스로를 탓하며 마음을 더욱 무겁게 만들곤 했다.

하지만 이제는 실수와 피로에 대해 조금 너그럽게 대하려고 한다. 그것은 게으름이나 포기의 이유가 아니다. 오히려 나 자신을 있는 그대로 바라보고, 그 안에서 조금씩 성장하는 법을 배우는 과정이다.

『자기관리론』은 큰 깨달음을 준 책이다. 불안과 걱정을 피하려고만 하지 말고, 그것의 실체를 들여다보고 대응하는 법을 배우라. 과거에 머무르지 말고 현재에 집중하라. 최악의 상황을 받아들이는 법을 연습하라. 그리고 스스로에게 관대하면서도 책임 있는 태도를 유지하라.

이러한 교훈들은 책 속 문장을 통해서만 느껴지는 것이 아니라, 실제 삶에서 실행할 때 비로소 의미를 갖는다.

일은 여전히 빠듯하고 때로는 불안하다. 그러나 카네기의 조언을 떠올리며 마음을 다스리고 작은 선택 하나하나에 집중한다.

『데일 카네기 자기관리론』 - 데일 카네기

시를 통한 인생 언어

일상의 작은 순간들 속에서 책임과 선택을 마주할 때마다, 나는 삶의 의미를 되묻는다. 왜 이 삶을 살아가고 있는지, 어떤 이유로 오늘을 버티고 있는지 스스로에게 질문한다.

정재찬 교수의 『우리가 인생이라 부르는 것들』을 펼친 것은 그런 질문이 지나치게 자주 나를 찾아올 때였다. 이 책은 밥벌이, 돌봄, 사랑, 관계, 소유 등 우리가 일상 속에서 마주하는 삶의 여러 면면을 시와 성찰을 통해 들여다보는 인문 에세이다.

책의 서두에서 저자는 시를 통해 인생의 언어를 찾는 작업에 대해 말한다. 시는 '닫힌 문' 너머의 풍경을 보여주는 유리창과 같다는 비유는, 나에게 삶을 다시 보는 작은 틈을 열어 주었다.

시는 때로 위로가 되고, 때로는 이정표가 된다. 그 문장은 책 전반에서 반복되며 삶의 굴곡 앞에 서 있는 나를 차분히 응시하게 했다.

가장 먼저 내 마음을 붙든 것은 '밥벌이'에 관한 장이었다. 책은 '밥벌이, 그 숭고함'에 대해 이야기한다. 별다른 화려함 없이 하루하루를 살아내는 일이 곧 삶이라는 서정적 진실을 시와 문학을 통해 되새긴다. 나 역시 매일 같은 메뉴와 주문을 마주하면서 때로는 지치고, 때로는 반복되는 일상에 무기력을 느낀다.

"밥벌이, 그것은 삶의 본질에 닿아 있는 무게다."

이 문장은 생경하지만 고요하게 내 마음에 스며들었다. 먹고 사는 일이 서러울 때, 나는 이 구절을 떠올리며 다시 주방으로 발걸음을 옮겼다. 반복된 노동 속에서도 그것이 나의 삶이라는 사실만큼은 부정할 수 없었다.

삶과 일이 분리되지 않는다는 사실, 그것이 단지 무겁다고 느껴질 때도 많았지만, 책은 그 무게를 '인생의 한 부분'이라고 받아들이게 해 주었다.

또한 '관계'와 '사랑'에 대한 장에서는, 타인과의 연관 속에서의 나를 돌아보게 했다. 이 책에서는 관계를 단순한 만남이나 소통으로 보지 않는다.

서로의 삶에 스며들며 영향을 주고받는 '존재의 배치'로 본다. 인간이란 본디 혼자 완결되지 않는 존재이며, 서로의 언어와 숨결 속에서 자아를 확인해 가는 존재임을 느끼게 한다.

40대가 되어도 독립을 준비하며 늘 타인의 시선과 기대를 의식해 왔다. 혼자라는 사실이 외로움일까, 혹은 자유일까. 그 사이에서 나는 나를 잃기도 하고 다시금 찾기도 했다. 책은 말한다.

"인생은 혼자만의 여정이 아니며, 동시에 타인과 완전히 겹쳐지는 것도 아니다."

그 말은 내게 적당한 거리와 적당한 연대를 생각하게 했다. 인간관계는 나에게 또 다른 기대와 실망을 가져온 적이 많지만, 동시에 나를 확인시켜 준 거울이기도 했다. 사랑과 관계가 꼭 달콤한 경험만은 아니지만, 그 속에서 나의 존재가 확장되는 것을 느낀다.

책은 '소유'에 대해서도 말한다. 무엇을 소유하고 무엇을 잃는가에 대한 성찰적 고찰이다. 특히 나이 들수록 소유에 대한 무게가 달라진다. 젊을 때는 소유가 곧 안전이라고 믿었다.

그러나 이 책을 읽으며 소유는 무언가를 잃었을 때 비로소 존재를 확인하는 과정이기도 하다는 생각이 들었다. 인생의 언저리에서 흔적처럼 남는 것은 결국 관계, 경험, 그리고 소중했던 순간들이지, 단순한 소유물이 아니었다.

식당에서 일하는 동안 수많은 손님을 마주한다. 사람의 얼굴에는 각자의 삶의 무게가 담겨 있다. 주문을 받고, 음식을 내놓으며 나는 항상 묻는다.

"당신의 하루는 어떤 얼굴인가."

그 물음은 때때로 무겁게 다가오지만, 동시에 내가 이 공간에서 있는 이유를 상기시킨다. 삶은 때로 비루하고, 때로는 무의미하게 느껴지지만 그 모두가 나만의 하루로 이어진다.

인생은 정답을 찾는 문제가 아니다. 그것은 우리가 매일 다시 쓰고, 다시 걷고, 다시 마주하는 여정이다. 시는 삶의 언어를 찾아주는 작은 창이며, 그 창을 통해 바라보는 일상의 풍경은 나를 더욱 선명하게 보여 준다. 어떤 날에는 힘겨운 하루를 견뎌 내야 할 때도, 어떤 날에는 사소한 행복이 마음을 채울 때도 있다. 그 모든 순간들이 모여 내가 부르는 삶이 된다.

정재찬 교수의 말처럼, 시는 때로 위로가 되고 이정표가 된다. 이 책에서 삶을 견디는 태도를 배웠다.

그리고 그 태도는 내가 독립을 준비하며 앞으로 나아갈 작은 힘이 된다. 삶은 무겁지만, 그 무게를 견딜 수 있는 것은 나의 하루, 나의 선택, 나의 걸음이다.

『우리가 인생이라 부르는 것들』 - 정재찬

생각을 멈추는 삶

쉼, 그 단어는 늘 공허하게 들렸다. 하루의 일과를 마치고 몸을 쉬게 하는 것과 마음을 쉬게 하는 것은 전혀 다른 이야기였다. 식당에서 주방과 홀을 오가며 쉴 틈 없이 움직이는 나에게 필요한 것은 잠깐의 휴식이 아니라 내면의 정신적 쉼이었다.

책 제목을 마주했을 때, 직감적으로 이것이 나 자신을 다시 마주할 기회일지도 모른다고 느꼈다.

책을 읽는 동안 내가 가장 많이 머물렀던 구절은 "에고를 놓아라"는 메시지였다. 오쇼는 우리가 끊임없이 자신을 중심에 두고 생각할 때, 마음이 쉬지 못한다고 말한다.

에고란 타인의 시선, 성과에 대한 집착, 과거의 실패와 미래에 대한 불안 같은 것들이 만들어낸 것이다. 그것을 내려놓을 수 있을 때 비로소 진정한 쉼이 시작된다고 한다.

이 말은 단순한 명상적 조언이 아니라, 내 일상의 작은 순간을 되돌아보게 했다.

주방에서 불 앞에 서 있을 때, 주문의 흐름, 손님들의 평가, 동료의 반응을 되짚는다. 이는 몸은 움직여도 마음은 멈추지 못하는 상태였다.

오쇼가 말한 것처럼 "생각을 멈추고 단지 존재하는 순간, 쉼이 시작된다"는 메시지는 내게 현실적인 해법처럼 다가왔다. 순간 순간 마음의 무게를 의식하며 숨을 고르는 것이 진정한 쉼이며, 그것은 내가 늘 밀쳐두던 내면의 필요였다.

또 다른 부분에서는 "있는 그대로의 자신을 바라보라"는 말이 깊게 남았다. 우리는 흔히 스스로를 평가하고, 부족함을 채우기 위해 노력하며, 스스로에게 끊임없이 요구한다.

나 또한 그러했다. 더 나은 결과를 만들기 위해 나 자신에게 엄격해졌다.

그러나 오쇼는 있는 그대로의 순간을 받아들이는 것이 진정한 자유로 가는 첫걸음이라고 이야기했다. 이 말은 식당 홀의 작은 실수나 실망스러운 하루를 마주할 때, 나 자신을 더 부드럽게 볼 수 있는 기준을 주었다.

그 덕분에 마음 한켠에는 작은 여백이 생겼다. 그것은 텅 빈 공간이 아니라 숨 쉴 수 있는 여지였다. 오쇼의 가르침은 어떤 특별한 기술을 요구하지 않았다.

단지 지금 여기에 있는 나를 바라보고, 내 마음속에서 일어나는 움직임을 있는 그대로 지켜보라고 했다. 그러한 태도는 주방에서 반복되는 일상의 노동 속에서도 가능하다는 깨달음을 주었다.

식당에서 손님들과 마주할 때, 나는 이제 숨을 의식한다. 주문을 정리하며 마음속 잡생각이 올라오면 그것을 바라보고, 다시 숨으로 돌아온다. 이것은 휴식을 위한 긴 시간이 아니다.

오히려 순간순간의 작은 쉼의 연속이다. 나는 처음 이 책을 펼쳤을 때 생각했던 것보다 훨씬 실용적인 메시지를 얻었다. 그것은 삶이 바쁠수록 스스로 내 안의 중심으로 돌아오는 연습이 필요하다는 사실이었다.

이 책이 주는 큰 교훈은 "쉼은 도망이 아니라 직면이다"라는 것이다. 우리는 쉴 때 모든 것을 멈추길 바라지만, 오히려 모든 것을 있는 그대로 지켜보는 것이 필요한 쉼임을 깨닫는다.

나는 이제 하루가 끝날 무렵, 침대에 누워 오늘 있었던 일들을 다시 되짚으며 스스로에게 말한다.

"오늘도 잘해냈다. 이 순간에도 나는 충분히 존재하고 있다."

그러면 마음이 조금 가벼워진다. 그 가벼움이 곧 내가 찾고 있던 쉼이 아닐까 하는 생각이 들었다.

언젠가 이 느린 쉼의 태도가 나의 성장의 일부가 되리라 기대한다. 매 순간 의식적으로 숨 쉬며 존재하는 일, 그것은 더 이상 일상과 분리된 특별한 경험이 아니다.

오히려 식당의 소음 속에서도, 손님들의 발자국 소리 사이에서도 나는 작은 쉼을 발견할 수 있음을 배웠다. 그렇게 조금씩 나의 일상은 더 넉넉해지고, 더 온전해진다. 쉼은 결국 나에게 다가오는 삶의 방식이 되었다.

『쉼』 - 오쇼 라즈니쉬

행동을 정리하는 하루

주방 불빛 아래에서 하루를 시작한다. 주문이 몰려올 때면 마음이 조급해지고 끝없이 반복되는 일에 눌리는 느낌이 든다. 접시를 닦고 음식을 준비하고 손님에게 내는 사이 하루가 흘러간다.

몸은 피곤하지만 마음 한켠에는 늘 해야 할 일이 쌓여 있다는 생각이 남아 있다. 그런 나에게 데이비드 앨런의 책 『쏟아지는 일 완벽하게 해내는 법』이 다가왔다.

내가 지금까지 겪어온 혼란과 부담을 그대로 지적하는 듯했다.

머릿속에 남아 있는 일을 모두 기록하고 체계적으로 관리할 때 사람은 비로소 마음의 여유를 얻는다는 내용이 인상적이었다.

나는 그동안 하루에도 수십 가지 일이 떠올랐지만 머릿속에서만 굴러가며 정리되지 않았다. 작은 일 하나에도 마음이 흔들리고 중요한 일에 집중하지 못했다. 책에서 설명하는 열린 고리라는 개념이 이해되었다. 끝나지 않은 일이 머릿속에 남아 있으면 불안과 피로를 만든다는 것이었다.

이를 해결할 방법도 구체적으로 제시했다. 떠오르는 모든 일을 수집하고 분류하며 행동 가능한 목록으로 조직하라는 것이다. 작은 일은 바로 처리하라는 규칙도 있었다.

나는 주방에서 이를 적용해 보았다. 설거지 하나, 주문 정리 하나, 재료 확인 하나. 작지만 바로 처리할 수 있는 일들을 즉시 실행하면서 마음이 조금 가벼워졌다. 작은 행동이 반복되자 하루가 조금씩 정돈되는 느낌이 들었다.

또한 일을 단순히 나열하는 것에서 끝내지 말고 정확한 행동 목록으로 만들어야 한다. 나는 매일 노트에 해야 할 일을 기록하고 처리한 항목은 지우며 하루를 점검했다. 작은 습관이지만 그 과정에서 마음속 부담이 줄어들고 일에 대한 명확한 시선이 생겼다.

책을 덮고 나서 깨달은 것은 단순했다. 일이 많다고 불안한 것이 아니라 일이 정리되지 않아 불안한 것이다. 정리된 시스템이 없으면 머리는 일을 기억하는 데만 에너지를 쓰고 실행에는 집중할 수 없다는 내용이 마음에 남았다.

나는 이 문장을 주방에서 반복적으로 떠올렸다. 손님에게 음식을 내고 주문을 확인하며 주방을 정리하는 모든 일을 하나씩 기록하고 실행하면 부담이 달라진다. 정기적으로 목록과 시스템을 검토하는 습관까지 더하니 하루가 훨씬 명확해졌다.

결국 이 책이 내게 가르쳐 준 것은 단순했다. 모든 일을 머릿속에만 두지 말고 기록하고 작은 일은 바로 처리하며 큰 일은 체계적으로 정리한다는 것이다. 정기적으로 목록과 시스템을 점검하면 마음속 부담을 줄이고 하루를 계획대로 보낼 수 있다.

오늘도 나는 주방 문을 열고 하나씩 처리하며 하루를 보낸다. 일이 끝없이 쏟아져도 마음은 조금 덜 무겁다. 마음을 비우고 행동을 정리하면 자연스럽게 집중하고 생산적으로 움직일 수 있다는 내용을 떠올리며 작은 습관 하나가 하루를 바꾸고 반복되는 일상 속에서 마음의 여유를 만들어 준다는 것을 느낀다.

『쏟아지는 일 완벽하게 해내는 법』 - 데이비드 앨런

해석에서 시작되는 감정

이 책을 읽으며 내 마음의 구조와 감정의 흐름을 처음부터 끝까지 살핀 것은 아니다. 그 대신 내가 늘 이유 없이 마음이 가라앉고, 때로는 이유 모를 불안에 붙들려 있는 순간들이 있다는 것을 인정하게 되었다.

『감정사용설명서』는 부정적인 감정들이 삶의 자연스러운 일부가 아니라 사소한 생각과 판단의 결과물일 수 있음을 말한다. 이 책은 이런 감정이 우리를 지배하도록 그냥 내버려 두지 말고 조금 다른 방식으로 바라보라고 한다.

읽는 동안 나에게 가장 강하게 다가온 생각은 감정이 상황 자체가 아니라 나의 해석과 평가로 만들어진다는 부분이었다.

예를 들어, 어떤 순간에 내가 느끼는 괴로움은 실제로 벌어진 일보다 내가 그것을 어떻게 받아들이고 판단하는지에 따라 생겨난다는 것이다. 우리가 흔히 겪는 불안과 걱정, 두려움, 질투, 우울 같은 감정이 사실은 우리가 붙인 의미에서 비롯된다고 설명한다.

이 말이 쉬운 듯하면서도 깊게 느껴졌다. 나는 종종 마음이 무거울 때가 많았고 그 이유를 찾아 헤매다 정작 그 순간에 내가 세운 내적 조건이나 기대를 놓치고 있었다는 사실을 인정해야 했다.

내 감정은 상황이 아니라 내 머릿속 생각의 결과였다는 것, 그것이 이 책을 통해 내가 처음으로 분명하게 느낀 점이었다.

책을 읽는 동안 종종 멈춰서 내가 경험한 감정을 다시 떠올렸다. 예전의 어떤 순간에 나는 관계 속에서 내가 충분하지 않다고 느꼈고 그것이 불안으로 이어졌다. 다른 경우에는 어떤 성과를 이루지 못했다는 생각이 마음을 누르고 결국 스스로를 질책하는 감정으로 이어졌다.

이 모든 것이 사실 그 자체의 문제가 아니라 내가 그것을 어떤 의미로 받아들였는가와 관련이 있다는 설명이 한참 동안 내 머릿속을 떠나지 않았다.

이 책의 또 다른 부분은 감정을 단순히 받아들이는 것에서 나아가 그것을 다루는 구체적인 방법을 제시한다는 점이었다. 특히 감정의 흐름을 이해하기 위해 상황, 생각, 감정, 행동의 연결 고리를 스스로 점검해 볼 것을 권한다.

이 과정을 통해 내가 어떤 생각을 먼저 하고 있는지, 그리고 그 생각이 어떤 감정으로 이어졌는지를 있는 그대로 들여다보는 것이 가능해진다.

그렇게 되면 감정이 나를 잡아먹기보다는 내가 그것을 다르게 볼 수 있는 여지가 생긴다.

이런 설명은 어떤 기법보다도 먼저 나 자신의 마음을 객관적으로 바라보게 해 주었다. 그리고 그 과정은 나를 불편하게 만들면서도 동시에 어느 정도 해방감을 주었다.

나는 그동안 감정이라는 것이 나보다 더 강하게 나를 움직이게 한다고 느꼈지만, 사실은 내가 스스로 만들어낸 생각의 패턴이 감정을 증폭시키고 있었다는 것을 깨달았다.

책 속의 한 구절이 특히 오래 머물렀다. 다른 사람을 사랑하기 위해서는 먼저 자신을 온전히 사랑해야 한다는 내용이었다.

이는 단순한 위로를 넘어서 나에게 내 감정의 구조를 다시 돌아보게 하는 질문을 던졌다. 나는 나 자신을 평가하거나 판단하는 방식 속에서 내 마음의 무게를 더 키운 적이 많았다. 그 순간들이 다시 스스로를 돌아보는 기회가 되었다.

이 책을 읽기 전에는 나에게 일어나는 일과 감정을 구분할 수 없다고 여겼다. 하지만 읽고 난 후에는 감정이 내가 세운 생각의 결과물이며, 내가 그것을 바꾸는 방식에 따라 내 마음의 상태도 달라질 수 있다고 이해하게 되었다. 단지 머리로만 이해하는 것이 아니라, 몸으로 느끼며 깨달을 수 있었다.

나는 이 책을 통해 감정을 바라보는 시선이 조금 달라졌다. 감정은 어떤 무게로 나를 덮치는 것이 아니라 그저 내가 붙여 놓은 의미와 경험이 쌓인 결과라는 사실을 받아들이는 것이 나에게는 첫 번째 변화였다.

불안이든 슬픔이든 그것을 있는 그대로 보고 평가하지 않는 순간, 감정은 나를 무너뜨리지 못했다.

결국 이 책은 감정을 다루는 기술서라기보다 내가 나를 바라보고 내 마음의 구조를 다시 읽는 지침서였다. 내가 느끼는 순간순간의 감정이 어떤 생각에서 비롯되는지 돌아보고, 그것을 나를 지배하는 것이 아니라 관찰하는 대상으로 삼을 수 있게 된 것이 이 책을 읽은 뒤의 가장 큰 깨달음이다.

책을 덮을 때 나는 내가 감정과 조금 다른 관계가 된 것 같았다. 감정 자체가 아닌 내가 감정을 해석하는 방식을 바꾸는 일이 내 마음 상태를 바꿀 수 있다는 것을 생각하며, 앞으로 나의 감정과 마주할 때 조금 더 분명하게 나를 들여다볼 수 있기를 바란다.

『감정사용설명서』 - 롤프 메르클레, 도리스 볼프

마음의 중심을 지키는 법

책을 읽기 전의 나는 늘 마음이 분주했다. 하루하루를 살아가는 동안 느끼는 작은 불안과 답답함, 누적되는 피로가 마음 한쪽을 무겁게 누르고 있었다.

『고요하고 단단하게, 채근담』은 그런 마음을 천천히 내려놓게 만드는 힘이 있었다. 처음에는 단순한 옛 글 모음이라 생각했지만 한 구절씩 읽을수록 마음 깊이 스며드는 글귀가 많았다.

"마음을 잡아 두는 사람이 마음을 잃지 않는다."

이 문장을 읽고 나는 내 마음을 얼마나 자주 놓쳐왔는지 떠올렸다. 해야 할 일과 주변의 기대, 타인의 시선 속에서 내 마음은 늘 흔들렸고, 정작 나 자신이 원하는 것에는 집중하지 못했다.

마음을 잡는다는 것은 단순히 감정을 억누르는 것이 아니라 스스로를 살피고 상황에 휘둘리지 않는 힘을 갖는 일이라는 생각이 들었다.

책을 읽으면서 느낀 것은 마음을 다스리는 일은 거창한 것이 아니라는 점이다. 작은 습관, 하루의 태도, 순간순간의 선택이 결국 마음의 단단함을 만든다.

“스스로를 알아야 남을 알 수 있고 스스로를 다스려야 세상을 이길 수 있다.”

이 글을 읽고 나는 나 자신에게 솔직해지는 것이 얼마나 중요한지 다시금 깨달았다. 나는 종종 다른 사람의 기대와 기준에 맞춰 행동하면서 내 마음을 뒤로 미뤄왔다. 나의 감정과 생각을 외면하고 넘어가는 순간들이 많았다.

그러나 이 책을 읽고 나서는 작은 결정, 작은 행동 속에서도 내 마음의 기준을 세우는 것이 필요하다는 생각이 들었다.

또한 책 속에서 반복적으로 강조되는 것은 단단함과 고요함이 마음을 지키는 핵심이라는 점이다. 고요함은 단순히 조용함이 아니라 자신과 마주하는 태도, 내면을 흔들지 않고 지키는 상태였다. 단단함은 흔들리는 마음에도 중심을 잃지 않는 힘이었다.

나는 이 두 가지를 내 삶과 연결해 생각했다. 반복되는 일상과 사람들과의 관계 속에서 나는 얼마나 고요함을 유지하며 단단하게 서 있었을까? 솔직히 답하기 어려웠다. 많은 순간 마음은 외부에 휘둘렸고 그로 인해 스트레스와 피로가 쌓였다.

책의 다른 구절이 특히 오래 남았다.
“바람이 불어도 마음이 흔들리지 않으면 큰일도 두렵지 않다.”
이 문장을 읽으면서 나는 내 마음이 얼마나 바람 앞의 촛불 같았는지를 떠올렸다. 작은 일에도 쉽게 흔들리고, 다른 사람의 말이나 상황에 마음이 쉽게 휘둘렸다. 하지만 마음이 단단하면 외부 환경과 상관없이 스스로 중심을 잡을 수 있다는 생각이 점점 분명해졌다.

책을 읽는 내내 나는 나의 일상 속에서 적용할 수 있는 작은 원칙들을 떠올렸다.
감정을 숨기거나 억누르는 것이 아니라 있는 그대로 인정하고, 판단과 반응을 잠시 멈추고 스스로를 돌아보는 일. 주변의 평가에 흔들리지 않고 내 마음의 기준을 확인하는 일. 그것이 곧 마음을 고요하고 단단하게 만드는 연습이라는 것을 느꼈다.
“작은 일에도 마음을 잃지 않으면 큰일에도 흔들리지 않는다.”
나는 이 문장을 읽으며 내 삶을 돌아보았다. 작은 선택과 습관, 사소한 마음의 태도들이 결국 내 하루를, 나의 인생을 만든다는 사실을 잊고 있었다. 하루를 살아가는 동안 느끼는 피로와 답답함, 불안의 근본은 바로 이런 작은 순간들에서 비롯된다는 것을 책은 일깨워 주었다.

이 책을 덮고 나서 느낀 것은 마음을 다스린다는 것이 결코 특별한 일이 아니라는 점이었다. 작은 순간에도 스스로를 살피고, 외부의 흔들림에 휘둘리지 않으며, 내 마음의 중심을 잃지 않는 것이 중요하다.

그리고 그 중심을 잡는 것은 나 자신 외에는 아무도 대신해 줄 수 없다.

책을 읽으며 나는 스스로에게 묻는다.

오늘 내 마음은 단단했는가. 고요했는가. 흔들리지 않았는가.

그 질문에 답하기 위해 노력하는 것 자체가 마음을 단단하게 만드는 과정이다. 마음을 단단하게 지키는 일은 하루의 반복 속에서, 사소한 습관 속에서 시작되고 완성된다.

『고요하고 단단하게, 채근담』은 삶의 속도를 늦추고 나를 돌아보게 하는 책이다. 읽는 동안 마음이 무겁거나 복잡할 때마다 한 구절씩 들여다보며 내 마음을 점검하게 된다. 감정을 다스리고 삶의 중심을 잡는 연습을 조금씩 할 수 있다는 점이 이 책이 내게 준 가장 큰 선물이었다.

나는 하루를 살아가며 마음의 고요함과 단단함을 조금이라도 유지하기 위해 스스로를 점검하는 습관을 더하려고 한다. 작은 순간에도 흔들리지 않고 내 중심을 지키는 것, 그것이 바로 이 책이 나에게 전한 삶의 방식이라는 생각이 든다.

『고요하고 단단하게, 채근담』 - 홍자성

행복을 허락하라

『스스로 행복하라』를 읽는 동안 마음이 조용해지는 경험을 했다. 특별한 사건이 있었던 것도 아니고, 극적인 깨달음이 찾아온 것도 아니다.

다만 책장을 넘길수록 생각의 속도가 느려졌고, 그동안 당연하게 여겨왔던 기준들을 하나씩 내려놓게 되었다. 법정 스님의 글은 무언가를 더 가지라고 말하지 않는다. 오히려 이미 가지고 있는 것을 돌아보라고 한다.

책의 첫 장을 읽으며 가장 먼저 떠오른 생각은 나는 나 스스로에게 너무 많은 조건을 달고 살았다는 사실이었다. 이 정도는 되어야 만족할 수 있고, 이만큼은 해내야 괜찮은 사람이라고 인정할 수 있다고 스스로에게 말해 왔다.

그러다 보니 마음은 늘 현재에 머물지 못하고 조금 앞이나 조금 뒤에 가 있었다. 법정 스님은 그런 태도를 조용히 멈춰 세운다. 행복은 나중에 도착하는 보상이 아니라 지금 허락해야 하는 상태라고 말한다.

스님은 행복이 자기 책임이라고 말한다. 이 문장을 읽으며 처음에는 조금 차갑게 느껴졌다. 세상에는 개인의 노력만으로 어쩔 수 없는 상황도 많은데, 행복까지 스스로 책임지라는 말이 부담처럼 느껴졌기 때문이다.

하지만 책을 읽을수록 그 말의 의미가 조금 다르게 다가왔다. 그것은 모든 상황을 통제하라는 말이 아니라, 어떤 상황에서도 내 마음의 태도만큼은 남에게 넘기지 말라는 뜻으로 재해석할 수 있었다.

책 속의 문장 중 오래 남은 말이 있다. 이 문장을 여러 번 되읽었다.

“행복은 밖에서 구하는 것이 아니라 자기 안에서 길어 올리는 것이다.”

나는 그동안 바깥에서 기준을 찾느라 바빴다. 남들이 말하는 안정, 남들이 말하는 성공, 남들이 말하는 괜찮은 삶을 따라가며 내 마음을 판단했다. 그 기준에 조금이라도 미치지 못하면 스스로를 부족하다고 여겼다.

스님의 말은 그런 판단의 방향을 안으로 돌려놓는다. 지금의 나에게 이미 충분한 것은 무엇인지 묻게 만든다.

책 전체를 관통하는 메시지는 비움이다. 덜 가지라는 말이 반복해서 등장한다. 처음에는 이 말이 현실과 맞지 않는 이상처럼 느껴지기도 했다. 살아가는 데 필요한 것은 분명히 많다.

하지만 스님이 말하는 비움은 물건의 숫자나 환경의 단순함만을 뜻하지 않는다는 것을 점점 알게 되었다. 쓸데없는 비교, 필요 이상의 걱정, 이미 지나간 일에 대한 집착 같은 것들을 내려놓는 태도에 가까웠다.

“필요한 것과 가지고 싶은 것을 혼동하면 마음은 늘 가난해진다.”

꼭 없어도 되는 것들로 마음을 채우느라 정작 중요한 감정은 밀어내고 있었던 것은 아닌지 생각했다. 인정받고 싶다는 마음, 뒤처지지 않고 싶다는 불안, 남들만큼은 해야 한다는 강박이 내 마음을 꽉 채우고 있었던 것 같다. 그 안에서는 고요함이 자랄 공간이 없었다.

이 책을 읽으며 인상 깊었던 점은 법정 스님의 말투가 독자를 설득하려 들지 않는다는 점이다. 옳다고 강요하지 않고, 그저 한 방향을 가리킬 뿐이다. 그래서 읽는 사람은 자연스럽게 자기 삶을 돌아보게 된다.

나 역시 이 글들을 읽으며 스스로에게 질문을 던지게 되었다. 나는 정말 나에게 필요한 삶을 살고 있는가, 아니면 남의 기준에 맞춰 나를 다듬고 있는가.

"자기 삶을 긍정하지 못하는 사람은 아무리 많은 것을 가져도 행복해질 수 없다."

또 하나 마음에 남은 문장이다. 이는 위로라기보다 점검에 가까웠다. 나는 나 자신의 삶을 얼마나 긍정하고 있었을까. 늘 부족한 부분부터 찾고, 더 나아져야 할 점부터 떠올리며 현재를 임시 상태처럼 여기고 있지는 않았는지 돌아보게 되었다.

지금의 나를 긍정하지 못한 채 미래만 바라보는 태도가 오히려 나를 더 불안하게 만들고 있었음을 인정하게 되었다.

책을 읽으며 행복에 대한 생각도 조금 달라졌다. 행복은 감정의 고조 상태가 아니라 마음의 균형에 가깝다. 기쁘지 않아도 괜찮고, 특별한 일이 없어도 마음이 흔들리지 않는 상태일지 모른다.

법정 스님이 말하는 행복은 그런 조용한 안정감에 가까웠다. 그래서 이 책을 읽는 동안 감정이 크게 움직이기보다는 오히려 가라앉았다.

책을 덮으면서 나는 더 나은 사람이 되겠다는 다짐보다는 조금 덜 흔들리는 사람이 되고 싶다는 생각을 했다. 더 많이 가지거나 더 앞서가고 싶은 마음보다는, 지금의 나를 불필요하게 몰아붙이지 않고 지켜보고 싶다는 마음이 들었다.

스님은 행복은 스스로 허락하지 않으면 누구도 대신 줄 수 없다고 말한다. 이 문장은 앞으로도 자주 떠올리게 될 것 같다.

이 책은 나에게 새로운 목표를 주기보다는 기준을 낮춰 주었다. 그리고 그 낮아진 기준 덕분에 오히려 숨이 조금 편해졌다. 삶이 갑자기 달라지지는 않겠지만, 적어도 내 마음을 다루는 방식은 이전과 같지 않을 것이라는 생각이 든다.

『스스로 행복하라』는 무언가를 더 하라고 말하지 않는다. 이미 충분한 삶을 살고 있는 자신을 인정해 보라고 조용히 권할 뿐이다. 그 점이 이 책을 오래 곁에 두고 싶게 만든다.

『스스로 행복하라』 - 법정

자기주도적 생활

이 책을 처음 펼쳤을 때 나는 새벽 4시 30분이라는 시간은 나에게 성실함의 상징이기보다는 쉽게 흉내 낼 수 없는 생활 방식처럼 느껴졌다. 과연 이 책이 말하는 변화가 나에게도 의미가 있을지, 아니면 일부 사람들에게만 가능한 이야기일지 궁금한 마음으로 읽기 시작했다.

책을 읽으며 가장 먼저 느낀 점은 이 책이 단순히 일찍 일어나는 법을 말하는 책이 아니라는 것이었다. 저자는 새벽 기상을 성공이나 성취의 도구로만 이야기하지 않는다.

오히려 하루의 주도권을 다시 가져오는 일에 가깝게 설명한다. 하루가 시작되기도 전에 이미 밀려가는 기분으로 사는 사람에게, 하루의 시작을 스스로 선택해보라고 말하는 듯했다.

"새벽은 누구의 것도 아닌 온전히 나만의 시간이다."
이 문장을 읽으며 나는 하루 중 나만을 위해 쓰는 시간이 과연 얼마나 되는지 생각해보게 되었다. 깨어 있는 시간 대부분은 해야 할 일, 맞춰야 할 일정, 타인의 기대에 반응하는 데 쓰이고 있었다. 그 안에서 나 자신에게 집중하는 시간은 생각보다 적었다.

이 책은 새벽에 무엇을 해야 하는지보다 왜 그 시간이 필요한지를 계속해서 묻는다. 일찍 일어나면 생산적이 된다는 말보다, 그 시간만큼은 외부의 요구에서 벗어날 수 있다는 점이 더 크게 다가왔다.
저자는 하루를 끌려가지 않으려면 하루의 시작을 스스로 설계해야 한다고 말한다. 그 문장을 읽으며 나는 하루를 시작하는 방식이 하루 전체의 태도를 만든다는 사실을 인정하게 되었다.

읽는 동안 가장 인상 깊었던 부분은 변화는 극적인 결심에서 시작되지 않는다는 내용이었다. 저자는 하루아침에 삶이 달라지지 않는다고 분명히 말한다. 대신 아주 작은 습관이 쌓이면서 자신에 대한 신뢰가 만들어진다고 한다.

이 말은 나에게 현실적으로 다가왔다. 늘 큰 목표를 세우고 금방 지쳐 포기하던 나의 모습이 떠올랐기 때문이다.

책 속의 문장 중 기억에 남는 말이 있다.

"나를 믿게 되는 가장 확실한 방법은 나와의 약속을 지키는 것이다."

이 문장을 읽으며 나는 그동안 얼마나 쉽게 나 자신과의 약속을 어겨왔는지 떠올렸다. 다른 사람과의 약속은 지키려고 애쓰면서, 나 자신에게 한 다짐은 상황을 이유로 미뤄왔다는 사실이 선명해졌다.

처음에는 성취를 강조하는 듯 보이지만, 읽을수록 오히려 태도에 대한 이야기라는 생각이 들었다. 더 열심히 살라는 말보다는, 나의 하루를 존중하라는 메시지가 더 가까웠다.

새벽에 일어나 무엇을 하느냐보다, 그 시간을 대하는 자세가 중요하다는 점이 반복해서 강조된다. 조용한 시간 속에서 자신을 돌아보고, 하루의 방향을 정리하는 태도 자체가 변화의 시작이라는 느낌을 받았다.

나는 이 책을 읽으며 나의 하루를 떠올렸다. 하루가 끝날 때 종종 느끼던 허탈감은 일이 많아서가 아니라, 하루가 어떻게 흘러갔는지 스스로도 알지 못했기 때문이라는 생각이 들었다. 정신없이 보낸 하루 끝에는 늘 내가 빠져 있었다.

이 책은 그 빈자리를 조용히 짚어준다. 하루에 단 한 시간이라도 나를 위해 쓰는 시간이 있다면 삶의 밀도는 달라질 수 있다고 말한다.

또 하나 마음에 남은 점은 저자가 꾸준함을 특별하게 포장하지 않는다는 것이다. 대단한 의지나 철저한 자기 통제가 아니라, 환경을 만들고 반복을 선택하는 일이라고 설명한다.

완벽하게 지키지 못해도 다시 돌아오면 된다는 태도는 이 책을 부담 없이 읽게 만든다. 실패하지 않는 방법은 포기하지 않는 것이라는 말이 자연스럽게 설득력을 갖는다.

책을 덮으면서 나는 꼭 4시 30분에 일어나야겠다는 결심을 하지는 않았다. 대신 하루의 시작을 조금 더 의식해 보고 싶다는 생각이 들었다. 하루가 시작되는 첫 시간을 어떻게 보내느냐가 그 날의 마음 상태를 결정한다는 점을 인정하게 되었기 때문이다.

아주 이른 시간이 아니더라도, 적어도 나를 위한 시간으로 하루를 열고 싶다는 생각이 남았다.

이 책은 독자를 조급하게 만들지 않는다.

당신의 하루는 누구의 것인가.

이 질문은 책을 덮은 뒤에도 계속 마음에 남아 있다. 더 빨리, 더 많이, 더 효율적으로 살라는 요구에 지쳐 있던 나에게 이 질문은 방향을 다시 잡게 만드는 역할을 했다.

『나의 하루는 4시 30분에 시작된다』는 생활 습관에 대한 책이면서 동시에 삶의 주도권에 대한 이야기다. 하루를 어떻게 시작할 것인가라는 질문은 결국 어떻게 살 것인가로 이어진다. 이 책을 읽으며 나는 내 하루를 조금 더 존중해 보고 싶어졌다.

『나의 하루는 4시 30분에 시작된다』 - 김유진

지금의 나를 부정하지 마라

이 책을 집어 들었을 때 나는 이미 “나 자신을 꽤 잘 알고 있다”고 생각하는 나이였다. 실패도 해봤고, 버텨본 시간도 있고, 혼자 사는 법도 익숙해졌다. 남들이 말하는 결핍과 상처를 굳이 들춰보지 않아도 하루는 흘러갔고, 웬만한 감정은 혼자 처리할 수 있다고 믿었다.

그래서 『나를 좋아하게 되는 연습』이라는 제목이 처음에는 조금 멀게만 느껴졌다.

책은 예상보다 조용하게 시작한다. 자극적인 위로나 과장된 긍정은 없다. 대신 반복해서 나오는 메시지는 단순하다.

"지금의 나를 부정하지 말 것."

이 말이 이상하게 오래 남았다. 나는 늘 더 나은 나, 더 괜찮은 나, 아직 도달하지 못한 나를 기준으로 현재의 나를 평가해왔다. 그 과정이 자연스럽다고 생각했고, 그래야 발전한다고 믿었다. 하지만 저자는 그것이 반드시 건강한 태도는 아니라고 말한다.

책 속에서 인상 깊었던 문장 중 하나는 이런 내용이었다.

"자신을 좋아하지 못하는 사람은, 아직 충분히 괜찮은 상태가 되지 않았다고 스스로에게 판결을 내린 사람이다."

이 문장을 읽으며 잠시 책을 덮었다. 나는 나에게 얼마나 자주 판결을 내려왔을까. 나이, 직업, 관계, 결혼 여부 같은 기준들로 끊임없이 채점하면서 '아직은 합격이 아니다'라고 말해왔던 것 같다.

가능성보다 한계를 먼저 계산했고, 기대보다 체념이 앞섰다. 그런 태도가 성숙함이라고 착각했었다.

"자기 자신을 좋아하라"고 말하기 보다, "싫어하지 않는 것부터 시작하라"고 말한다. 이것이 이 책의 가장 현실적인 부분으로 느껴졌다.

갑자기 나 자신을 사랑하라는 말은 공허하지만, 최소한 나를 괴롭히지 않는 연습은 가능하다고 느껴졌다. 저자는 자기 자신에게 너무 가혹한 사람일수록, 타인에게는 유난히 관대하다고 말한다.

그 문장을 읽으며 웃음이 났다. 나는 친구들에게 늘 "그럴 수도 있지"라고 말하면서, 나 자신에게는 "그 정도로는 부족해"라고 말해왔다.

책을 읽는 동안 자주 떠올랐던 장면이 있다. 실수를 했던 날, 집에 돌아와 혼잣말로 "왜 그것밖에 못 했어"라고 중얼거리던 나의 모습이다. 그 말은 누구에게도 들리지 않았지만, 가장 오래 남아 있었다. 저자는 말한다.

"사람은 자신이 가장 자주 듣는 말이 된다."

이 문장을 읽고 나서야 깨달았다. 내가 매일 나에게 들려주던 말들이 어떤 사람을 만들었는지를 돌아볼 수 있었다. 나는 늘 조심스럽고, 쉽게 만족하지 못하고, 잘한 일보다 부족한 점을 먼저 떠올리는 사람이 되어 있었다.

그것이 성실함이나 겸손이 아니라, 자기 불신의 결과일 수도 있다는 생각은 조금 아팠다.

미혼으로 살아온 시간에 대한 생각도 자연스럽게 따라왔다. 이 책은 결혼이나 가족을 직접적으로 다루지는 않지만, "타인의 기준을 자신의 기준으로 착각하지 말라"는 메시지는 이 부분에서 특히 크게 다가왔다.

나는 이미 혼자 사는 삶에 익숙해졌다고 생각했지만, 여전히 설명해야 하는 순간들 앞에서는 움츠러들었다. 선택이 아니라 결과처럼 느껴질 때도 많았다. 책을 읽으며 처음으로 나는 내 삶을 나보다 덜 믿고 있었음을 느꼈다.

저자는 자기 자신을 좋아하는 것이 결국 삶을 쉽게 만드는 일이라고 말한다. 인상적인 문장 중 하나는 이것이다.

"자기 자신과의 관계가 편안해지면, 인생의 절반은 이미 편안해진 것이다."

이 문장을 읽으며 고개가 끄덕여졌다. 인간관계에서 생기는 피로의 상당 부분은 사실 타인 때문이 아니라, 타인 앞에서의 '나'를 불편해서 생긴다는 것을 이제는 안다.

괜찮아 보이려 애쓰고, 설명하지 않아도 될 것을 설명하고, 스스로를 정당화하느라 지치는 일들. 나 자신을 조금만 덜 의심했다면 하지 않아도 될 일들이었다.

이 책은 읽고 나서 삶이 극적으로 바뀌었다고 말하게 만드는 책은 아니다. 오히려 아주 작은 변화들을 남긴다. 실수를 했을 때 바로 자책하지 않고 "그럴 수도 있다"고 말해보는 것, 남과 비교하는 생각이 들 때 잠시 멈추는 것, 잘 버텨온 시간들을 인정하는 것. 저자가 말한 "연습"은 이런 것들이었다.

거창하지 않아서 오히려 계속할 수 있을 것 같았다.

마흔 후반이 되어서야 이런 책을 읽는 것이 늦은 것은 아닐까 하는 생각도 잠깐 들었다. 하지만 책을 덮으면서는 이런 결론에 도달했다. 나를 좋아하게 되는 연습에는 적당한 나이가 없다는 것. 그리고 이 연습은 끝나는 지점이 있는 과제가 아니라, 살아 있는 동안 계속 필요한 태도라는 것.

이제 나는 나에게 조금 덜 엄격해지기로 했다. 더 잘 살기 위해서가 아니라, 이미 여기까지 살아온 나를 존중하기 위해서. 이 책은 나에게 "당신은 아직 부족하다"가 아니라 "당신은 이미 충분히 애써왔다"고 말해준 드문 책이었다.

『자기 자신을 좋아하게 되는 연습』 - 야하기 나오키

생각한 대로 된다

이 책을 읽기 전까지 나는 '생각의 힘'이라는 말을 그다지 좋아하지 않았다. 너무 많이 들어왔고, 너무 쉽게 남용되는 말이라고 느꼈기 때문이다. 잘 되면 생각 덕분이고, 안 되면 생각이 부족해서라는 식의 설명은 삶을 지나치게 단순화하는 것처럼 보였다.

그래서 제임스 알렌의 『위대한 생각의 힘』을 펼치면서도 반쯤은 의심하고 있었다.

하지만 저자는 설득하려 들지 않고, 다그치지도 않았다. 단지 같은 이야기를 반복한다. 사람은 자신이 품은 생각의 결과물이라는 이야기.

가장 유명한 문장은 역시 이것이다.

"사람은 자신이 생각하는 대로 된다."

너무 단순해서 오히려 반박하고 싶어지는 문장이다. 정말 그럴까? 살아오면서 나는 생각만으로 해결되지 않는 일들을 너무 많이 봐왔다. 노력해도 안 되는 일, 성실해도 돌아오지 않는 관계, 선택권조차 없었던 상황들.

그런데도 이 문장이 계속 마음에 남은 건, 저자가 말하는 '생각'이 단순한 희망이나 긍정이 아니라는 걸 곧 알게 되었기 때문이다.

제임스 알렌이 말하는 생각은 태도에 가깝다. 세상을 바라보는 기본적인 방향, 자신을 대하는 방식, 실패와 성공을 해석하는 기준 같은 것들. 그는 이렇게 말한다.

"환경이 인간을 만드는 것이 아니라, 인간이 자신의 생각을 통해 환경을 만들어간다."

나이가 들어가다 보면 점점 더 조심스러워지고, 새로운 시도를 피하고, '어차피'라는 말을 입에 달고 살게 되었다. 환경 때문이라고 믿었던 많은 태도들이, 사실은 내 생각에서 먼저 시작됐을지도 모른다는 생각이 들었다.

이 책이 인상적인 이유는, 생각의 힘을 말하면서도 감정에 대해 꽤 냉정하다는 점이다. 제임스 알렌은 불평, 원망, 자기연민 같은 감정들이 결국 삶을 갉아먹는다고 말한다.

“불평은 아무것도 바꾸지 못한 채, 인간의 내면만 약하게 만든다.”

이 문장을 읽을 때 조금 찔렸다. 나는 겉으로는 담담한 편이지만, 속으로는 자주 불평한다. 누구에게 털어놓지 않아도 혼자서 충분히 되뇌는 말들이 있다.

‘이 나이에 새로 시작하기엔 늦었다’, ‘혼자라서 더 불리하다’, ‘이 정도면 잘 버틴 거지 뭐.’ 그 말들은 위로처럼 들리지만, 동시에 나를 멈춰 세우는 말이기도 했다.

후회하지 않는 것과 만족하는 것은 다르다는 걸 느낀다. 사회의 시선이나 비교 때문에 괴로웠던 순간들이 분명 있었고, 그때마다 나는 상황보다 생각에 더 많이 잠식되어 있었다. ‘나는 부족한 쪽에 속한다’는 생각, ‘정상적인 경로에서 벗어났다’는 생각. 그 생각들이 나를 작게 만들었다.

저자는 성공이나 실패를 외부의 결과로 보지 않는다. 대신 다음과 같이 말한다.

“성공은 우연이 아니라, 생각의 자연스러운 결과다.”

이 문장을 성공담으로 읽으면 부담스럽다. 하지만 나는 다르게 읽었다. 여기서 말하는 성공은 남들보다 앞서는 것이 아니라, 스스로 부끄럽지 않은 상태에 가까운 것 같았다. 내가 어떤 생각을 품고 하루를 보내는지, 나 자신을 어떤 존재로 대하는지가 결국 삶의 질을 결정한다는 뜻처럼 느껴졌다.

책을 읽으며 가장 많이 떠올린 것은 '나 자신에게 하는 말'이었다. 혼자 있는 시간이 많은 삶에서, 나는 늘 나와 대화하고 있다. 그 말들이 얼마나 공정했는지, 얼마나 냉혹했는지 돌아보게 됐다.

"인간은 자신이 반복해서 생각한 것에 의해 형성된다."

이 문장을 읽고 나서야 깨달았다. 내가 만들어온 삶의 분위기는 생각보다 더 내가 만든 것이었다는 것을. 불안, 체념, 과도한 현실주의 같은 것들. 그것들은 세상이 강요한 것이 아니라, 내가 안전하다고 믿고 선택한 생각들이었다.

이 책은 위로를 주지는 않지만, 책임을 돌려준다. 그것이 이 책이 불편하면서도 오래 남는 이유다. 누구를 탓할 수 없게 만들고, 동시에 스스로를 함부로 대할 수 없게 만든다. 생각은 선택이라는 전제가 깔려 있기 때문이다.

지금까지의 생각이 지금의 나를 만들었다면, 앞으로의 생각은 앞으로의 나를 만들 것이다. 이 단순한 구조가 오히려 무섭게 느껴졌다.

나를 실패한 인생으로 규정하는 생각, 이미 늦었다고 단정하는 생각, 가능성을 스스로 접어버리는 생각들을 조금씩 내려놓아 보자는 결심을 한다. 알렌의 말처럼, 우리의 생각이 씨앗이라면, 나는 이제 다른 씨앗을 심어보고 싶어졌다.

생각이 바뀌지 않는 한, 삶도 바뀌지 않는다. 반대로 말하면, 생각이 바뀐다면 삶도 아직은 열려 있다. 그 가능성 하나만으로도 이 오래된 책을 읽은 시간은 충분히 의미 있었다.

『위대한 생각의 힘』 - 제임스 알렌

비판을 견디는 힘

이 책 제목을 처음 봤을 때 솔직히 말하면 약간 부담스러웠다. 당당하게 나아가라는 말은 언제나 힘이 넘친다. 젊을 때는 그런 말에 쉽게 설득됐지만, 지금은 한 발 물러서서 생각하게 된다.

과연 지금의 나에게도 "돌진"이 필요한 걸까. 아니면 이제는 속도를 조절해야 할 시기일까.

스콧 알렉산더의 『무소의 뿔처럼 당당하게 나아가라』는 생각보다 직설적인 책이다. 비유도 단순하고 메시지도 명확하다.

저자는 삶의 태도를 두 가지로 나눈다. 젖소처럼 사는 삶과 코뿔소처럼 사는 삶. 젖소는 안전한 울타리 안에서 익숙한 것만 반복하고, 코뿔소는 목표를 정하면 앞을 보고 돌진한다.

"코뿔소는 비판을 두려워하지 않고, 목표를 향해 전속력으로 나아간다."

이 문장을 읽으며 웃음이 났다. 지금의 나는 누가 봐도 젖소 쪽에 더 가까웠기 때문이다. 안정, 예측 가능성, 실패하지 않을 선택. 그 모든 것을 중요하게 여겨왔다. 그것이 어른스러움이고 현실 감각이라고 믿었다.

그런데 책은 그런 태도를 꽤 노골적으로 비판한다. 안전지대에 머무는 동안 삶은 조금씩 마모된다는 식이다.

책을 읽으며 가장 자주 든 생각은 '이건 젊은 사람들 이야기 아닌가'라는 약간의 반발심이었다. 실패해도 다시 일어날 시간이 충분한 사람들, 체력과 가능성이 아직 남아 있는 사람들에게 어울리는 이야기처럼 느껴졌다.

하지만 계속 읽다 보니 저자가 말하는 코뿔소적 태도는 단순히 나이에 관한 이야기가 아니라, 자기 삶의 주도권을 쥐고 있느냐의 문제였다.

인상 깊었던 구절 중 하나는 이것이다.

"많은 사람들은 실패를 두려워하는 것이 아니라, 눈에 띄는 존재가 되는 것을 두려워한다."

이 문장을 읽으며 뜨끔했다. 나는 실패보다 시선을 더 경계해 왔다. 나이 들어 새로 시작하는 사람으로 보이는 것, 혼자서 무언가를 시도하는 사람으로 보이는 것, 괜히 나섰다가 민망해지는 상황.

그런 것들이 싫어서 '적당히 괜찮은 상태'에 머무는 선택을 반복해왔다. 그 상태가 완전히 만족스럽지 않다는 걸 알면서도 말이다.

나는 늘 독립적이라는 평가를 받아왔지만, 실은 그 독립이 언제부터인가 움츠러든 형태가 되어 있었다. 누구에게도 기대지 않지만, 동시에 누구에게도 크게 부딪히지 않는 삶. 코뿔소와는 거리가 먼 태도였다.

"중간 지점은 안전해 보이지만, 결국 아무 곳에도 도달하지 못한다."

이 문장을 읽으며 마음이 조금 불편해졌다. 나는 그 중간 지점에 오래 서 있었다. 크게 불행하지도, 크게 만족하지도 않은 상태. 이 나이쯤 되면 다들 그렇다고 스스로를 설득하곤 한다.

하지만 책은 그런 상태를 살아 있는 느낌이 사라지는 지점이라고 은근히 경고한다.

이 책이 좋았던 점은, 막연히 용기를 외치지 않는다는 것이다. 저자는 코뿔소처럼 살기 위해 필요한 태도를 꽤 구체적으로 말한다. 결단력, 반복, 비판을 견디는 힘. 특히 반복에 대한 이야기가 인상 깊었다.

"코뿔소는 한 번 달리고 멈추지 않는다. 목표에 도달할 때까지 같은 방향으로 계속 달린다."

이 문장을 읽으며, 나는 왜 그렇게 쉽게 방향을 바꿔왔는지를 생각했다. 한두 번의 무반응, 약간의 좌절, 주변의 시큰둥한 반응. 그럴 때마다 '이건 아닌가 보다'라고 결론 내리고 물러났다. 그 태도가 신중함이라고 생각했지만, 어쩌면 그것은 인내 부족이었을지도 모른다.

물론 이 책의 메시지가 모두 편하게 받아들여진 것은 아니다. 지나치게 직선적이고, 세상의 복잡함을 단순화하는 부분도 있다. 모든 사람이 코뿔소처럼 살 수는 없고, 그럴 필요도 없다고 생각한다. 누군가는 울타리 안에서의 평온을 선택해도 괜찮다.

하지만 이 책이 던지는 질문 하나만큼은 오래 남았다.

나는 정말로 내가 원하는 방향을 향해 가고 있는가.

더 이상 스스로에게 "이 나이에 뭘 더 바라니"라는 말을 하지 않기로 한 것. 그것은 젖소의 말에 더 가깝다는 생각이 들었기 때문이다. 코뿔소처럼 산다는 것은, 결국 자신에게 솔직해지는 일인지도 모른다.

『무소의 뿔처럼 당당하게 나아가라』는 우리가 가야할 곳은 아직 남아 있다고 말한다. 속도가 느려졌을 뿐, 멈춘 것은 아니다.

무작정 돌진하라고 말하지 않는다. 대신 너는 아직도 네 삶의 방향을 스스로 정하고 있느냐고 묻고 있었다.

『무소의 뿔처럼 당당하게 나아가라』 - 스콧 알렉산더

내 안의 밝음을 찾아서

책을 펼치자마자 문장 하나가 눈에 들어왔다.

“나는 이 우주를 항해하는 행성이다. 밝음은 나의 강점이며, 나의 성공이기도 하다.”

처음에는 조금 과하게 들렸다. ‘행성’이라니, 나 자신을 그렇게까지 크게 느껴본 적이 있었던가. 그러나 읽으면 읽을수록 저자가 말하고자 하는 게 조금씩 이해되었다. 그는 단순히 자기를 칭송하자는 게 아니라, 스스로의 중심을 인정하고, 그 힘으로 삶을 움직이라는 것이었다.

나는 늘 다른 사람의 눈치를 먼저 보는 사람이었다. 혼자인 시간이 많아지면서, 남들이 나를 어떻게 평가할까 하는 생각이 자주 들었다. '괜찮은 삶'을 유지하려고 노력했지만, 그건 종종 겉모습을 지키는 데 가까웠다.

책을 읽으며 깨달았다. 내 삶의 방향은 다른 사람이 아니라 나 자신에게 있어야 한다는 것을.

책 속에는 삶을 바라보는 방식과 태도에 대한 짧지만 날카로운 글들이 많았다.

"나답게 살기 위해서는, 먼저 나의 밝음을 발견해야 한다. 그리고 그것을 숨기지 말고 세상으로 내보내야 한다."

이 문장은 나에게 작은 충격이었다. 나는 내 장점과 강점보다는 부족한 점만 바라보며 살았다는 사실을 인정해야 했다. 혼자로 살아온 시간 동안 스스로를 평가하고, 비교하고, 때로는 자책하며 소모적인 생각에 빠진 적이 얼마나 많았던가. 작가의 글은 그 자리에서 멈추지 말고, 내 안의 힘을 찾아야 한다고 말한다.

책을 읽으면서 계속 떠오른 것은 '나 자신과의 대화'였다. 그는 글 곳곳에서 내면과의 솔직한 마주침을 강조한다.

"자신에게 묻고, 또 답하라. 그리고 그 답을 삶으로 옮겨라."

나는 이 문장을 읽고 지금까지 얼마나 자주 스스로에게 솔직하지 않았는지 돌아보았다. 직장에서, 사람 관계에서, 혼자 사는 공간에서조차 나는 스스로에게 질문을 던지기보다 습관적으로 반응했다. '이 정도면 괜찮아', '다른 사람은 이렇게 생각하겠지' 같은 안일한 생각들이 많았다.

책 속 글들은 특정한 목표를 강요하지 않는다. 오히려 질문을 던지게 한다. 나는 지금 어떤 사람인지, 무엇을 중요하게 여기는지, 앞으로 어떤 사람이 되고 싶은지.

솔직히 말하면, 아직 답을 명확히 내릴 수 있는 단계는 아니었다. 그러나 질문을 마주하는 순간부터 삶의 흐름이 조금 달라졌다. 내가 나에게 보내는 신호를 조금 더 주의 깊게 듣게 된 것이다.

특히 인상적이었던 부분은 작가가 삶의 어둠까지 포용하는 태도였다. 단순히 긍정적인 면만 강조하는 것이 아니라, 실패, 불안, 두려움과 같은 감정을 있는 그대로 바라보고, 그것들을 삶의 일부로 인정하라고 말한다.

"어둠을 부정하지 말라. 그것이 바로 밝음을 더욱 돋보이게 한다."

이 문장을 읽을 때 묘한 안도감이 들었다. 나 역시 인생의 어두운 면을 부정하거나 외면하며 살아왔는데, 그것이 결국 밝음과 연결될 수 있다는 시선은 새로운 위안이었다. 삶은 완벽할 필요 없다는, 그러나 스스로의 힘으로 방향을 잡아야 한다는 사실을 다시 한번 깨닫게 했다.

책을 덮으면서 작은 변화 하나가 떠올랐다. 하루를 보내며 스스로에게 던지는 질문을 조금 더 진지하게 받아들이는 것. '오늘 내가 한 선택은 나답게 한 것인가'라는 질문조차, 이전에는 그냥 지나쳤던 순간이었다.

혼자 사는 삶은 안정과 반복 속에 쉽게 갇히기 쉽다. 그러나 작가의 글은 내 안에서 아직 움직일 수 있는 공간이 남아 있음을 상기시킨다. 삶의 방향을 정하는 힘은 결국 나 자신에게 있고, 그 힘을 조금씩 사용하기 시작하는 순간부터 삶은 다시 움직이기 시작한다는 것이다.

읽는 내내 느낀 것은, 이 책이 나에게 '용기'를 주기보다는 '책임'을 돌려준다는 것이었다. 나 자신을 향한 책임, 삶의 방향을 스스로 선택할 책임, 내 안의 밝음을 포기하지 않을 책임.

부담스럽지만 동시에 생생하게 살아 있음을 느끼게 하는 책임이었다.

『나는 이렇게 될 것이다』 - 구본형

무기력을 인식하는 순간

에리히 프롬의 책 제목을 처음 봤을 때, 순간적으로 거울을 보는 듯한 기분이 들었다. '무기력을 되풀이한다'는 말 속에는 내가 스스로 잘 알면서도 인정하기 어려운 패턴이 담겨 있었다. 나도 모르게 반복하고 있는 회피와 체념, 그리고 변화의 의지를 스스로 눌러왔던 시간들이 떠올랐다.

책은 단순히 개인 심리의 문제로 무기력을 설명하지 않았다. 프롬은 현대 사회와 문화가 개인에게 얼마나 강하게 영향을 미치는지를 보여주면서, 우리가 느끼는 무력감이 결코 단순한 의지 부족이나 게으름이 아님을 강조했다.

"무기력은 개인의 실패가 아니라, 사회가 만든 틀 속에서 자신을 잃은 결과다."

이 문장을 읽는 순간, 나의 삶이 떠올랐다. 직장, 주변 사람들, 그리고 사회적 기대 속에서 나는 언제부터인지 내 욕망보다 안정과 편안함을 우선시해왔다. 혼자로 살아온 시간 동안 스스로를 탓하며, 때때로는 '나는 왜 이렇게 쉽게 포기할까'라고 자책한 적도 많았다.

하지만 프롬의 글은 그 자책을 다른 관점에서 바라보게 했다. 나만의 문제가 아니라, 구조 속에서 형성된 감정이라는 것. 그것은 위로라기보다는 설명이자, 이해였다.

책에는 무기력에 빠진 사람들의 삶을 분석한 글이 이어진다. 그는 인간이 진정한 자유를 갖지 못하고 외부 기준에 자신을 맞출 때, 삶이 정지되는 과정을 보여준다.

"타인의 기대에 자신을 맞추는 순간, 우리는 스스로를 감옥에 가둔다."

읽으면서 마음이 찌릿했다. 나는 오랜 시간, 타인의 시선과 사회적 잣대 속에서 자신을 평가해왔다. 나의 결정과 선택은 남들이 보기에 '적당한 것'이었는지, 실패하지 않을 선택이었는지에 초점이 맞춰져 있었다.

그 과정에서 스스로에게 솔직하지 않았던 시간들이 얼마나 길었을까. 프롬은 그 불균형을 정확하게 지적하며, 내면과 외부 세계 사이의 긴장을 깨닫게 했다.

책을 읽으며 또 하나 주목한 점은, 무기력은 단순히 정적인 상태가 아니라 반복되는 습관이라는 것이다.

"무기력은 반복될수록 자기 강화된다. 우리가 인식하지 못하는 한, 같은 패턴이 삶을 지배한다."

나는 이 문장을 보며 최근 몇 년간의 삶을 반추했다. 변화를 시도하지 않은 것, 도전하지 않은 것, 작은 기회를 피한 것들. 그 모든 순간이 결국 무기력이라는 패턴에 다시 발을 디디게 한 셈이었다. 혼자 사는 삶에서 외부 압력은 적지만, 대신 내부에서 스스로 만든 틀에 갇혀 있었다는 생각이 들었다.

프롬은 무기력에서 벗어나기 위해서는 자기 인식과 용기 있는 행동이 필요하다고 말한다. 그는 자유를 얻기 위해서는 먼저 자신이 어떤 감정을 품고 있는지, 어떤 조건에서 무기력을 느끼는지를 직면해야 한다고 한다.

"자신을 직시하는 용기가 없다면, 반복되는 무기력에서 벗어날 수 없다."

이 구절을 읽으며 나는 마음 한구석이 무거워졌다. 지금까지 나는 내 무기력에 대해 직시하려는 시도를 얼마나 해왔던가. 스스로를 관찰하고 인정하기보다는 바쁘게 움직이며, 혹은 변명하며 시간을 보냈다.

프롬은 그 시간을 멈추고 스스로를 바라보라고 말한다. 그것이 불편하고 힘들더라도, 변화의 출발점이라는 것을 강조한다.

책 속 글들을 따라가다 보면, 무기력과 관련된 인간 관계와 사랑, 일의 의미도 함께 다뤄진다. 인간은 타인과의 관계 속에서 자신을 확인하고, 동시에 소외될 수밖에 없다. 사회적 역할에 맞춰 살면서도 자신의 욕망을 억누르게 되는 구조는, 나처럼 혼자 살아온 사람에게도 친숙한 이야기였다.

반복되는 혼자만의 시간 속에서, 나는 종종 아무것도 이루지 못한 듯한 허무감에 빠졌다. 하지만 프롬은 그 허무감 속에도 의미를 찾을 수 있다고 말한다.

책을 읽는 동안 나는 많은 생각을 떠올렸다. 내가 느끼는 무기력은 단순히 게으름이나 나이 탓이 아니라, 구조적·심리적 요인과 결합된 습관이었다는 점. 그리고 그 반복 속에서 벗어나려면 작은 변화가 아니라, 내면의 규칙과 판단 기준 자체를 살펴야 한다는 점.

프롬의 글은 읽는 동안 불편했지만, 동시에 오래 생각하게 만드는 힘이 있었다.

마지막 장을 넘기며, 나는 오랜만에 스스로를 조금 더 관찰하는 시간을 가지게 되었다. 무기력은 여전히 존재하지만, 이제는 그것을 단순한 실패가 아니라 이해해야 할 반복 패턴으로 볼 수 있었다.

“자신의 반복을 알고, 선택할 때만 인간은 자유로워진다.”

이 문장은 지금의 나에게 가장 큰 울림이었다. 자유와 책임이 함께 있다는 것, 반복되는 무기력을 마주하는 순간부터 작은 자율과 선택이 가능하다는 것. 혼자 살아온 삶 속에서 자주 느꼈던 공허와 정체가 조금씩 형태를 잡는 느낌이었다.

읽고 난 지금, 나는 무기력의 원인을 외부에서만 찾지 않고, 스스로와 사회적 구조 속에서 인식하려고 한다. 프롬의 글은 단순한 분석이나 위로를 넘어서, 삶을 다시 볼 수 있는 틀을 제공했다.

반복되는 무기력 속에서 나를 관찰하고, 판단하고, 선택하는 연습. 그것이 이 책이 남긴 가장 큰 울림이다.

『나는 왜 무기력을 되풀이하는가』 - 에리히 프롬

태도를 선택하는 사람

불을 켜고, 테이블을 닦고, 수저를 맞춘다. 점심시간이 되면 주문이 밀려들고, 저녁이 되면 피로가 쌓인다. 그래서 나는 스스로를 대체 가능한 사람이라고 생각했다. 누군가 빠지면 대신 들어갈 수 있고, 내가 빠져도 식당은 돌아간다.

세스 고딘의 『린치핀』을 읽기 전까지, 그 사실을 체념처럼 받아들이고 있었다.

고딘은 말한다.

"세상은 더 이상 지시만 잘 따르는 사람을 필요로 하지 않는다. 세상이 원하는 것은 대체 불가능한 사람이다."

이 문장을 읽는 순간 웃음이 나왔다. 너무 멀고도 근사한 말처럼 들렸기 때문이다.

하지만 책을 덮을 즈음, 나는 생각보다 가까운 곳에서 '린치핀'을 발견했다. 바로 나 자신이 서 있는 이 곳에서였다.

식당 일은 대부분 매뉴얼로 움직인다. 인사 멘트, 음식 설명, 컴플레인 대응, 정해진 문장, 정해진 순서. 그래서 이 일은 흔히 '누가 해도 되는 일'로 취급된다. 나 역시 그렇게 생각하며 오래 일해왔다. 하지만 고딘은 반복해서 말한다.

"예술은 특별한 재능이 아니라 태도다."

그가 말하는 예술은 그림이나 음악이 아니라, 사람을 대하는 방식이었다.

그 문장을 읽고 나서부터 나는 홀을 다르게 보기 시작했다. 매번 같은 메뉴를 주문하는 단골의 얼굴, 혼자 와서 조용히 밥을 먹는 사람의 식사 속도, 유난히 말이 없는 커플의 테이블 간격.

이전에도 보고 있었지만, 이제는 '일'이 아니라 '관계'로 보였다. 고딘의 표현을 빌리자면, 나는 처음으로 감정 노동을 회피하지 않기 시작했다.

"린치핀은 문제를 해결하기보다, 사람을 이해하려고 한다."

이 문장은 식당이라는 공간에서 유난히 또렷했다. 불만을 말하는 손님은 음식보다 자신의 하루가 먼저 상처받았을지도 모른다. 무례해 보이는 말투 뒤에는 피곤이, 조급함 뒤에는 불안이 숨어 있다. 그걸 알아차리는 순간, 나의 일은 서빙이 아니라 번역이 된다. 사람의 감정을 음식과 공간으로 번역하는 일이다.

고딘이 말하는 '리자드 브레인', 즉 두려움과 자기검열의 목소리는 나에게 이렇게 속삭인다. 괜히 튀지 마. 그냥 하던 대로 해. 하지만 고딘은 단호하다.

"린치핀이 되는 순간, 당신은 더 이상 안전하지 않다. 대신 의미를 얻는다."

이 문장을 읽고 오래 책을 덮고 있었다. 안전과 의미 중 무엇을 택할 것인가.

식당에서 나의 안전은 투명하다. 조용히 일하고, 문제를 만들지 않고, 눈에 띄지 않으면 된다. 그러나 의미는 다르다. 의미는 누군가의 하루에 남는 일이다. "여기 오면 마음이 편해요"라는 한마디, "당신이 있어서 이 식당이 좋아요"라는 말이 좋다.

같은 메뉴를 나르고, 같은 테이블을 닦는다. 하지만, 『린치핀』을 읽은 이후, 더 이상 나를 톱니바퀴라고 부르지 않는다.

고딘의 말처럼, "린치핀은 직함이 아니라 선택"이기 때문이다. 내가 선택할 수 있는 것은 많지 않다. 그러나 태도만큼은 선택할 수 있다.

“린치핀은 누군가가 시켜서가 아니라, 스스로 책임지기로 결정한 사람이다.”

나의 삶에 대해, 그리고 나의 노동에 대해 처음으로 책임지기로 했다. 이 식당에서의 하루하루를, 그저 생계를 위한 시간이 아니라 나의 예술로 대하기로 했다.

『린치핀』 - 세스 고딘

집중하기 힘든 사회

요한 하리의 『도둑맞은 집중력』은 현대인이 겪는 집중력 상실을 개인의 나약함이나 의지 부족의 문제가 아니라, 사회 구조적 문제로 바라본 책이다.

우리는 흔히 “요즘 내가 집중을 못 하는 건 스마트폰을 너무 많이 해서야” 혹은 “의지가 약해서 그래”라고 스스로를 탓한다. 하지만 저자는 이러한 생각이 문제의 본질을 흐린다고 말한다. 그는 전 세계의 전문가들을 직접 만나 인터뷰하고, 과학적 연구를 분석하며 집중력이 어떻게, 왜 도둑맞고 있는지를 집요하게 추적한다.

책의 초반부에서 요한 하리는 집중력 저하를 단순히 산만함이 아니라 '깊이 사고하고 몰입할 수 있는 능력의 붕괴'라고 정의한다. 그는 "집중력이란 단지 한 가지에 주의를 기울이는 능력이 아니라, 의미 있는 것을 끝까지 붙잡고 사유할 수 잇는 힘"이라고 말한다.

이 문장은 내가 집중력을 얼마나 피상적으로 이해하고 있었는지를 돌아보게 했다. 나는 그저 멍해지고 산만해지는 상태만을 문제로 여겼지, 깊이 생각하지 못하는 상태 자체를 심각하게 인식하지 못하고 있었던 것이다.

요한 하리는 집중력을 파괴하는 원인으로 스마트폰과 SNS를 가장 먼저 언급하지만, 그것이 전부는 아니라고 강조한다. 그는 "문제는 기술 그 자체가 아니라, 인간의 주의를 수익화하는 시스템"이라고 말한다.

실제로 SNS와 각종 앱은 사용자가 가능한 한 오래 머물도록 설계되어 있으며, 알림, 좋아요, 추천 알고리즘은 우리의 뇌를 끊임없이 자극한다.

"단신의 주의력은 세계에서 가장 값비싼 자원 중 하나가 되었다"

이 문장을 읽으며 내가 무료로 사용한다고 생각했던 서비스들이 사실은 내 집중력을 대가로 작동하고 있다는 사실을 깨닫게 되었다.

책에서 인상 깊었던 부분 중 하나는 멀티태스킹에 대한 설명이다. 우리는 여러 일을 동시에 처리하는 것이 효율적이라고 믿지만, 저자는 이를 명확히 부정한다.

“멀티태스킹은 실제로 존재하지 않는다. 우리는 단지 아주 빠르게 주의를 전환할 뿐이며, 그 대가는 피로와 사고력의 저하로 돌아온다”.

이 문장은 공부를 하면서도 메시지를 확인하고, 영상을 보며 과제를 하던 나의 습관을 떠올리게 했다. 그동안 나는 바쁘다는 이유로 집중을 분산시키고 있었고, 그 결과로 더 깊은 피로를 느끼고 있었던 것이다.

요한 하리는 또한 집중력 문제를 개인 차원의 해결책으로만 접근하는 태도를 비판한다. 명상 앱, 집중력 향상법, 자기계발서가 넘쳐나지만, 그는 “불이 난 건물에서 개인에게 소화기를 쥐여주는 것만으로는 충분하지 않다”고 말한다.

이 비유는 매우 설득력 있게 다가왔다. 아무리 개인이 노력해도 주의를 빼앗도록 설계된 환경 속에서는 한계가 분명하기 때문이다. 결국 집중력을 회복하기 위해서는 사회적 규제, 기업의 책임, 노동 환경의 변화가 함께 이루어져야 한다는 것이 저자의 주장이다.

책의 후반부에서 요한 하리는 희망적인 메시지도 전한다. 그는 집중력이 완전히 사라진 것이 아니라, 회복 가능하다고 말한다. 다만 그 회복은 단기간의 디지털 디톡스나 의지 훈련이 아니라, 삶의 구조를 바꾸는 데서 시작된다고 강조한다.

"집중력은 우리가 혼자서 지켜야 할 사치품이 아니라, 사회가 함께 보호해야 할 공공재다"

이 문장은 이 책의 핵심 메시지를 잘 보여준다.

『도둑맞은 집중력』 을 읽고 난 후, 나는 집중력을 잃은 나 자신을 덜 비난하게 되었다. 동시에 아무 생각 없이 소비하던 디지털 환경을 자각하게 되었다.

이 책은 단순히 집중력을 높이는 알려주는 자기계발서가 아니라, 우리가 어떤 사회 속에서 살아가고 있는지를 묻는 사회 비평서에 가깝다. 집중력을 되찾는 일은 곧 나의 삶을 되찾는 일이라는 저자의 말처럼, 이 책은 현대를 살아가는 모든 이들에게 꼭 필요한 질문을 던지고 있다.

『도둑맞은 집중력』 - 요한 하리

돈을 다루는 태도

혼다 켄의 『부자가 보낸 편지』는 단순히 돈을 많이 버는 법을 알려주는 자기계발서가 아니다. 이 책은 '부자'라는 결과보다, 부자가 되기까지의 태도와 인생을 바라보는 관점에 대해 이야기한다.

제목 그대로 이 책은 이미 경제적 자유를 이룬 사람이 과거의 자신, 혹은 아직 부자가 되지 못한 이들에게 보내는 편지처럼 구성되어 있다. 그래서 독자는 마치 인생의 선배에게 조언을 듣는 듯한 친밀감을 느끼며 책을 읽게 된다.

책의 가장 큰 특징은 돈을 숫자나 기술의 문제가 아니라 마음가짐의 문제로 다룬다는 점이다.

“돈은 그 사람의 사고방식을 그대로 반영한다.”

이 문장은 책 전체를 관통하는 핵심이라고 생각한다. 우리는 흔히 돈이 부족한 이유를 환경이나 운, 능력 탓으로 돌리지만, 혼다 켄은 돈과의 관계가 곧 자신과의 관계라고 말한다.

즉, 돈을 어떻게 생각하고 대하는지가 결국 인생의 방향을 결정한다는 것이다.

『부자가 보낸 편지』에서 인상 깊었던 점은 부자가 되는 과정이 결코 화려하거나 특별하지 않다는 사실이다.

“부자는 하루아침에 만들어지지 않는다. 작은 선택이 쌓여 만들어진다”

나는 지금까지 ‘언젠가 큰 기회가 오면’이라는 막연한 기대 속에서 현재의 선택을 가볍게 여겨왔다는 것을 깨달았다. 매일의 태도, 소비 습관, 사람을 대하는 방식이 결국 미래의 경제적 모습으로 이어진다.

또 하나 인상 깊었던 부분은 돈에 대한 감정에 대한 이야기였다. 많은 사람들이 돈을 좋아한다고 말하지만, 실제로는 돈에 대해 두려움이나 죄책감, 불안을 가지고 있다.

"돈을 싫어하면서도 돈이 들어오기를 바라는 것은 모순이다."

이 문장은 나에게 꽤 불편하게 다가왔다. 나는 돈이 필요하다고 말하면서도, 동시에 돈을 많이 버는 사람들을 은근히 부정적으로 바라보았기 때문이다. 이 책은 그런 내 모순된 태도를 정면으로 마주하게 만들었다.

책 속에서 부자는 돈을 목적이 아닌 도구로 여긴다. 돈은 자유를 넓혀주고, 선택의 폭을 키워주며, 자신이 중요하게 여기는 가치를 실현하기 위한 수단일 뿐이다.

"돈이 많아지는 순간보다, 돈 때문에 불안해하지 않는 순간이 진짜 부자다."

『부자가 보낸 편지』는 인간관계에 대해서도 많은 이야기를 한다. 부자는 혼자 만들어지지 않으며, 결국 사람과의 신뢰 속에서 성장한다는 것이다.

"사람을 이용하려는 마음으로는 절대 큰 부를 얻을 수 없다."

돈과 윤리가 분리될 수 없다는 사실을 다시 한 번 상기시킨다. 진정한 부자는 돈을 벌면서도 다른 사람의 삶의 존중하고, 함께 성장할 수 있는 사람이라는 점이 인상 깊었다.

이 책을 읽으며 가장 크게 달라진 점은 돈을 바라보는 나의 시선이다. 이전의 나는 돈을 늘 부족한 것, 나와는 거리가 먼 것으로 인식했다.

하지만 지금은 돈을 하나의 에너지처럼 느끼게 되었다. 내가 어떤 선택을 하고 어떤 태도로 살아가느냐에 따라 자연스럽게 흐를 수 있는 것이라는 생각이 들었다. 저자가 말한 "돈은 좇을수록 멀어지고, 준비된 사람에게 다가온다"라는 문장은 앞으로의 삶에서 계속 떠올리게 될 것 같다.

『부자가 보낸 편지』는 독자에게 당장 부자가 되라고 재촉하지 않는다. 대신 스스로에게 질문을 던지게 만든다.

나는 어떤 삶을 살고 싶은가.

돈은 그 삶에서 어떤 역할을 해야 하는가.

지금의 나는 그 삶에 어울리는 선택을 하고 있는가.

책이 말하는 부자란, 돈에 휘둘리지 않고 돈을 다룰 줄 아는 사람, 그리고 자신의 인생에 책임을 지는 사람이다.

혼다 켄은 편지를 통해 우리에게 말한다.

"부자가 되는 길은 이미 당신 앞에 있다. 다만 그것을 선택할 용기가 필요할 뿐이다."

이 책은 그 용기를 조금씩 키워주는 따뜻한 안내서라고 생각한다.

『부자가 보낸 편지』 - 혼다 켄

바쁜 일상 속에서 생각을 되찾는 일

버트런트 러셀의 『생각을 잃어버린 사회』를 읽으면서, 나는 내 일상과 삶을 돌아보지 않을 수 없었다. 나는 지금 식당에서 홀서빙을 하며 하루하루를 살아가고 있다. 손님들의 말 한마디, 주문의 반복, 그리고 부쩍 바빠지는 점심시간의 긴장 속에서 내 생각은 종종 표면 아래로 가라앉는다.

하지만 러셀은 말한다. 생각을 잃어버린 사회에서, 인간은 결국 자기 자신을 잃게 된다고.

이 책은 단순히 철학적 사유나 지적 호기심을 위한 글이 아니다. 러셀은 우리가 일상에서 무심코 따르는 규칙, 권위, 전통 속에서 얼마나 쉽게 스스로 생각하지 않게 되는지를 경고한다. 그는 학교, 언론, 정치, 종교 등 다양한 사회 기관들이 사람들의 사고를 제한하고 통제한다고 지적한다.

나는 이 부분에서 식당에서 마주치는 다양한 사람들과 상황들을 떠올렸다. 손님들이 나에게 요구하는 '기대되는 서비스'를 제공하면서, 내 본래 생각이나 감정을 억누르고 때로는 기계처럼 움직인다. 러셀이 말하는 '사회의 압력에 의해 사고가 제한된 삶'과 나의 일상이 겹쳐 보였다.

책을 읽으며 특히 마음에 남은 점은, 러셀이 강조하는 '비판적 사고'와 '자기 성찰'의 중요성이다.

"생각을 멈추면, 우리는 권위와 관습의 노예가 된다."

나는 나의 삶을 되돌아보며, 홀서빙이라는 직업이 단순히 생계를 위한 수단일 뿐이라고만 생각했던 나 자신을 발견했다. 하지만 러셀의 글을 읽으며, 어떤 직업을 가지든, 혹은 어떤 상황 속에 있든, 스스로 질문하고 판단하는 힘을 잃지 않는 것이 중요하다는 것을 깨닫는다.

손님에게 '왜 이 메뉴가 그렇게 중요하다고 생각할까?'라고 질문할 수는 없지만, 내 안에서 끊임없이 '왜 나는 이 일을 하고, 무엇을 배우고 있는가?'를 자문하는 것은 가능하다.

러셀은 또한 군중심리와 사회적 통제의 위험성을 경고한다. 사람들이 모이면 개인의 사고가 희미해지고, 다수가 옳다고 믿는 것에 무조건 따르게 된다는 것이다.

무엇보다 이 책을 통해 얻은 가장 큰 깨달음은 '자유로운 생각의 힘'이다. 저자는 단순히 사회 구조를 비판하는 데 그치지 않고, 스스로 생각하는 인간이 어떻게 더 나은 삶을 살아갈 수 있는지에 대해 이야기한다.

나는 홀서빙이라는 일상을 발면서 종종 나 자신을 작은 틀 속에 가두곤 했는데, 이제는 내가 느끼는 감정, 관찰하는 세계, 그리고 그 속에서 내릴 판단을 소중히 여겨야겠다고 다짐한다. 생각을 잃지 않는다는 것은 결코 거창한 업적이 아니라, 하루하루를 온전히 살아가는 방법이기도 하다는 것을 깨달았다.

결국, 러셀의 메시지는 단순하다. 우리 사회는 때때로 사고하지 않는 사람을 요구하지만, 진정한 인간의 삶은 생각하는 사람의 것이다. 나는 오늘도 손님들의 주문을 받으며 바쁘게 움직이겠지만, 내 안에서는 끊임없이 질문하고, 판단하며, 나만의 길을 생각할 것이다.

『생각을 잃어버린 사회』는 일상 속에서도 나 자신을 지키고 성장하게 만드는 작은 나침반이 되었다.

『생각을 잃어버린 사회』 - 버트런드 러셀

일상에 온기를 만들라

버트런트 러셀의 『인생은 뜨겁게』를 읽으며, 문득 나 자신에게 질문하게 되었다. 나는 지금 무엇을 위해, 어떻게 하루하루를 살아가고 있는가. 식당 홀 서빙을 하며 반복되는 주문과 계산 속에서, 나는 자주 내 삶이 그저 흘러가는 것처럼 느껴지곤 했다.

"인생은 뜨겁게 살아야 한다. 차가운 시선으로 세상을 바라보지 말라."

이 한 문장이 내 마음 깊이 와닿았다. 내가 살아가는 방식, 내 감정과 열정을 더 이상 미루지 말아야겠다는 생각이 들었다.

책에서는 인간이 행복을 느끼는 조건과 그 장애물에 대해 이야기한다. 러셀은 행복이 단순한 즐거움이나 편안함에서 오는 것이 아니라, 자기 삶에 대한 주체적 선택과 성찰에서 비롯된다고 말한다.

"인간은 사랑하고, 창조하고, 생각하며 살아갈 때 가장 충만해진다."

나는 이 문장을 읽으며 내 삶과 일상을 떠올렸다. 손님들에게 서비스를 제공하고, 동료와 협력하며 하루를 보내는 일 속에서도, 나는 종종 나 자신을 억누르며 살아왔다. 그러나 러셀의 글은 나에게 경종을 울렸다.

내가 단순히 '살아남기 위해' 움직이는 삶을 벗어나, 매 순간 나 자신에게 솔직하고 뜨겁게 살아야 한다는 사실을 상기시켰다.

특히 사랑과 인간관계에 대한 러셀의 통찰이 인상 깊었다.

"인간은 사랑을 통해 자신을 발견하고, 다른 존재와 연결될 때 비로소 진정한 삶을 경험한다."

나는 오랫동안 가족과 연인, 친구와의 관계에서 마음속 감정을 억누른 채 살아왔다. 이 책을 읽으며 인간관계는 단순히 사회적 의무가 아니라, 자신의 감정을 솔직히 표현하고, 상대를 이해하려는 노력 속에서 삶의 뜨거움을 느끼게 하는 장이라는 것을 깨닫는다.

손님들과의 짧은 대화 속에서도, 나는 작은 친절과 미소를 통해 삶의 따뜻함을 느낄 수 있다는 사실이 새롭게 다가왔다.

또한 책에서는 인간이 두려움과 권태에 의해 자신을 제한하는 모습을 지적한다.

"많은 사람은 안전과 규칙에 집착하지만, 그것이 진정한 삶을 보장하지는 않는다."

나는 홀서빙이라는 일상의 반복 속에서 안정감과 편안함을 구하며, 새로운 도전이나 생각을 미루고 있었다. 러셀은 나에게 말했다.

삶은 안전을 위해 억제되는 것이 아니라, 도전과 열정 속에서 온전히 살아가는 것임을, 작은 용기와 선택이 내 삶을 뜨겁게 만들 수 있다는 사실 깨닫게 해주었다.

이 책을 읽는 동안 나는 내 안에서 차갑게 굳어있던 마음이 서서히 풀리는 것을 느꼈다. 하루의 피로 속에서도, 손님들에게 친절히 대하고, 동료와 소소한 대화를 나누며, 나 자신에게 솔직한 선택을 하는 순간마다 삶의 온기가 느껴졌다.

러셀의 문장은 단순히 철학적 지침이 아니라, 내 삶 속 작은 실천으로 이어질 수 있는 구체적 지혜였다.

결국 『인생은 뜨겁게』는 나에게 삶을 바라보는 새로운 시각을 주었다. 반복되는 일상 속에서도, 나는 내 안의 열정을 발견하고, 작은 행복과 성찰을 놓치지 않으며 살아갈 수 있다.

"삶은 경험하고, 사랑하고, 느끼고, 생각할 때 진정한 의미를 가진다."

나는 오늘도 일상 속에서 작은 선택과 성찰을 이어가며, 차갑게 흘러가는 시간이 아니라, 뜨겁게 살아가는 나만의 하루를 만들 것이다.

『인생은 뜨겁게』 - 버트런드 러셀

불안을 키우는 환경의 자각

최근에 읽은 조너선 하이트의 『불안세대』는 나에게 '현대 사회와 인간의 불안'에 대한 깊은 성찰을 주었다. 책의 부제인 '디지털 세계는 우리 아이들을 어떻게 병들게 하는가'처럼, 이 책은 단지 한 세대의 문제를 넘어 우리가 살아가는 사회 구조와 인간 본성에 대한 본질적인 질문을 던진다.

나는 지금 식당에서 홀서빙을 하며 매일 수많은 사람들을 마주치고, 그들의 표정과 말투에 일희일비하는 나의 일상 속에서 이 책의 메시지와 나를 비교해보았다.

하이트는 책에서 “청소년기의 급격한 변화”를 중심으로 문제를 분석한다. 그는 특히 스마트폰과 소셜미디어가 청소년들의 삶을 “놀이 기반 유년기’에서 “전화 기반 유년기”로 바꿔놓았다는 관찰을 제시한다.

스마트폰은 단순한 기계가 아니라, 감정과 관계, 정체성 형성에 깊게 작용하는 공간이 되었다고 말한다. 이 책을 읽으며, 나는 내 주변의 젊은 세대와 나의 청소년 시절을 떠올렸다. 내가 어릴 때에는 친구들과 동네 골목에서 뛰어놀며 서로 부딪히고 다투고 화해하는 과정이 자연스럽게 있었다.

반면 지금의 세대는 손끝에서 펼쳐지는 디지털 세계 속에서 관계를 맺고 관계가 깨지며, 결국 불안과 우울, 고립감에 시달리고 있다.

읽는 동안 나는 내 일상과 삶의 구조를 돌아보지 않을 수 없었다. 나는 매일 손님들의 표정, 말투, 태도를 관찰하고, 때로는 그들의 감정에 휘둘리기도 한다. 손님의 한마디가 내 하루를 망치기도, 반대로 웃음과 칭찬이 내 하루를 바꾸기도 한다.

하지만 그건 단지 순간의 반응에 지나지 않는다. 하이트의 글은 ‘우리가 왜 이렇게 불안한가’를 단순히 스마트폰 때문이라고만 단정하지 않는다. 그는 또한 과잉보호와 과도한 안전 추구가 청소년들의 심리적 회복력을 약화시켰다고 말한다.

아이들은 실패와 불편함, 갈등을 경험하며 자라야 하는데 그것이 제거될 때 진정한 성장은 멈추게 된다.

이 부분에서 나는 한 번 더 내 삶을 되돌아보았다. 나는 홀서빙을 하며 항상 좋은 서비스, 좋은 평가, 좋은 반응을 얻어야 한다는 압박 속에서 살았다. 손님에게 불만을 표출당할까 봐 늘 조심했고, 누군가의 한마디에 마음이 흔들리기도 했다.

그러나 저자는 책 속에서 "불안은 불편함을 피하려는 태도와 과도한 안전 추구에서 비롯된다"는 점을 강조한다. 이러한 태도는 결국 인간의 성장을 방해한다.

불편함과 마주하고 스스로 그것을 극복하는 과정에서 인간은 성숙해진다. 이 문장은 나에게 따끔한 충고처럼 들렸다. 불편하거나 어려운 상황을 피하기 위해 나 자신을 숨기거나 감정에만 의존하는 태도는, 결국 나의 삶을 더 좁아지게 만든다는 생각이 들었다.

또한 이 책은 단지 문제를 제기하는 데 그치지 않는다. 하이트는 '우리가 어떻게 이 시대를 살아갈 수 있는가'에 대한 해법도 제시한다.

그는 놀이 기반의 인간 경험을 회복하고, 디지털 세계와 현실 세계 사이에서 균형을 찾을 때 청소년뿐 아니라 모두가 더 건강한 삶을 만들 수 있다고 제안한다. 이 해법은 곧 자기 성찰, 관계

회복, 현실 세계에서의 실천적 삶을 의미한다.

식당에서 하루를 보내며 일상의 단순한 순간 속에서도 나는 이 해법을 떠올렸다. 손님과의 짧은 대화, 동료와의 사소한 웃음, 작은 실수와 그 실수를 극복하는 과정. 이런 것들이 내 삶을 조금 더 살 만하게 해주는 요소들이 아닐까.

『불안세대』는 나에게 단지 한 세대의 문제를 설명하는 책이 아니라, 현대를 살아가는 우리 모두가 불안을 이해하고, 그것에 맞서 살아갈 방법을 성찰하는 계기가 되었다.

오늘도 나는 홀서빙이라는 일상을 살아가지만, 이전보다 조금 더 마음의 중심을 잡고, 단지 불안에 휘둘리지 않는 삶, 스스로 생각하고 느끼며 성장하는 삶을 만들어 가고 싶다.

『불안세대』 - 조너선 하이트

남의 기준 벗어나기

프리드리히 니체의 『선악의 저편』을 읽으며, 나는 내 삶과 가치관을 근본부터 다시 살펴보게 되었다. 니체는 책에서 단순히 도덕적 기준을 설명하지 않는다. 오히려 그는 "전통적 도덕과 사회적 규범을 의심하고, 자신만의 삶의 기준을 세우라"라고 도전한다.

그의 문장 중 한 구절이 특히 나를 울렸다.

"우리는 이제까지의 가치들을 의심하지 않고 살아왔다. 그러나 삶을 주체적으로 살기 위해서는 그 모든 것을 재검토해야 한다."

나는 이 문장을 읽는 순간, 나 자신이 지난 세월 동안 얼마나 남의 기준과 기대 속에서만 살아왔는지 깨달았다.

나 자신에게 물었다. 나는 정말 나를 위해, 내 삶을 위해 선택하며 살아왔는가. 아니면 단지 안전하고 편안한 길, 사회적 기대를 충족시키는 삶을 살아온 것은 아닌가.

책에서 니체는 인간이 도덕을 통해 스스로를 제한할 때, 참된 힘과 가능성을 잃게 된다고 지적한다.

"도덕은 때로 인간의 본능과 창조적 힘을 억누른다."

나는 이 문장을 읽으며 내 일상의 작은 순간을 떠올렸다. 나는 내 감정을 억누르며 살아왔다. 이것이 결국 내 내면의 힘과 자유를 제한하고 있었음을 이제야 깨닫는다.

특히 기억에 남는 부분은 니체가 말하는 "주체적 가치 창조"다. 그는 기존의 선악 구분을 맹목적으로 따르지 말고, 자신만의 가치와 기준을 만들어 살아가라고 말한다.

니체의 문장 중, "당신이 살아가는 길을 스스로 선택하라, 그것이 진정한 자유다"하는 말이 있다. 나는 홀서빙이라는 현실 속에서도, 작은 선택의 순간마다 스스로의 가치를 확인하며 살 수 있다는 것을 느꼈다.

또한 니체는 인간의 강함과 약함에 대한 통찰을 준다. 인간이 약함을 도덕으로 포장하고 안주하는 것을 경계한다.

나는 이 부분에서 나 자신의 삶을 돌아보았다. 때로 나는 '홀서빙이 힘들다'거나 '내 삶이 단조롭다'고 불평하며, 현실의 불편함을 피하려 했다. 그러나 니체는 "약함 속에서 위대함은 탄생하지 않는다. 대신 불편함 속에서 스스로를 단련하라"고 말한다.

나는 이 문장으로부터 지금의 나의 삶이 단지 생계와 편안함만을 위한 것이 아니라, 나를 성장시키는 훈련의 과정일 수 있다는 새로운 시각을 얻었다.

읽는 동안 니체의 도전적 문장과 사유 속에서 나 자신의 삶과 내면을 계속해서 반추할 수 있었다. 반복되는 일상과 사회적 시선 속에서도, 나는 스스로 선택하고 판단하며 살아갈 수 있다. 나의 가치와 기준을 세우고, 타인이 정한 도덕이나 평가에 얽매이지 않는 삶, 그것이 니체가 말하는 '진정한 삶'이라는 것을 느꼈다.

결국 『선악의 저편』은 나에게 스스로의 삶을 주체적으로 살아가는 법을 가르쳐주었다. 손님과 부딪히고, 바쁜 주방과 홀을 오가며 하루를 보내는 동안에도, 나는 스스로 선택하고, 내 가치와 기준에 따라 생각하며 행동할 수 있을 것이다.

니체의 글은 내게 단순한 철학서 이상으로, 현실 속에서 나를 지켜주는 울타리와 같다. 오늘도 나는 평범한 하루를 살아가지만 단지 흐르는 시간 속의 존재가 아니라, 스스로 가치를 세우며 자유롭게 선택하며 살아가는 나 자신으로 살아갈 것을 다짐해본다.

『선악의 저편』 - 프리드리히 니체

나를 인정하는 삶

김수현의 『나는 나로 살기로 했다』를 읽는 동안, 나는 이 책을 "이해하려고" 읽기보다는 "확인받으려고" 읽고 있다는 생각이 들었다.

내가 지금까지 살아온 방식이 아주 틀린 것은 아니었다는 사실, 그리고 앞으로도 꼭 다른 사람이 되지 않아도 된다는 확인을 받고 싶었다. 더 이상 조급하지 않다고 말하기에는 아직 불안이 남아 있고, 그렇다고 예전처럼 막연히 흔들리기에는 이미 많은 시간을 살아버린 터라 이제는 선택을 하지 않는 것도 하나의 선택이라는 것을 알 만큼은 자랐다.

그 중간 지점에서 이 책은 조용히 말을 건넸다. "지금의 너도 충분히 존중받아야 한다"고.

책에서 가장 자주 떠올랐던 문장은 "나는 나로 살아도 된다"라는 메시지였다. 너무 단순해서 처음에는 가볍게 지나칠 뻔했지만, 곱씹을수록 이 문장이 얼마나 어려운 말인지 알게 되었다.

나는 그동안 '나로 사는 것'을 허락받기 위해 많은 조건을 달아왔다. 좀 더 안정적이어야 하고, 좀 더 남들 보기에 괜찮아야 하고, 무엇보다 설명이 가능해야 했다.

미혼이라는 상태 역시 늘 설명의 대상이었다. 누군가에게 묻지 않아도 될 질문에 스스로 답을 마련하려 했던 순간들이 떠올랐다. '왜 결혼하지 않았냐'라는 말에, 마음속으로 수없이 변명을 준비했던 시간들. 그 모든 노력에도 불구하고, 그동안 나는 정작 나 자신에게 충분한 허락을 주지 못했다.

나는 결혼하지 않았다. 이 사실 자체보다, 그 사실을 둘러싼 시선과 질문들이 나를 더 오래 붙잡아왔다. 왜 안 했는지, 안 하는 건지, 못 한 건지. 그 질문들 앞에서 나는 늘 조금씩 움츠러들었다. 하지만 책은 그런 질문에 대답하는 데 에너지를 쏟을 필요가 없다고 말한다.

"모든 선택에는 이유가 필요하지 않다"는 문장은 그래서 오래 남았다. 이유를 말하지 않아도 되는 삶이 가능하다는 생각 자체가 내게는 새로운 개념이었다. 그 문장은 내 마음속에서 한동안 잔잔한 울림으로 맴돌았다.

책을 읽으면서 자연스럽게 과거의 나를 돌아보았다. 누군가의 삶을 부러워하면서도 동시에 그 삶을 살고 싶지는 않았던 순간들, 그런 모순적인 감정들이 계속 이어졌다.

비교는 늘 나를 혼란스럽게 했다. 책 속의 "비교는 나를 설명해주지 않는다"는 문장을 읽으며, 나는 그동안 비교를 통해 나를 규정하려 했다는 사실을 인정하게 되었다. 비교 속에서 나는 늘 부족한 쪽에 나를 놓았고, 그 자리에 오래 머물렀다.

하지만 이제는 그 비교가 나의 기준이 될 필요가 없음을 조금씩 받아들이게 된다. 누군가와 나를 견주는 대신, 나 스스로의 기준을 바라보는 것이 더 현실적이라는 생각이 들었다.

이 책은 자기 연민을 부추기지 않는다. 대신 스스로에게 너무 가혹했던 태도를 돌아보게 만든다. "나를 가장 자주 무시한 사람은 나 자신이었다"는 대목을 읽으며, 나는 조용히 고개를 끄덕였다.

실패하지 않기 위해, 상처받지 않기 위해, 나는 나의 감정을 축소해왔다. 괜찮은 척, 아무렇지 않은 척, 견디는 척하며 살아온 날들이 떠올랐다.

그러다 보니 무엇이 정말 괜찮지 않은지도 점점 흐려졌다. 내 마음의 소리를 무시하고, 필요 이상의 자기검열 속에서 살아온 시간이 생각보다 길었다는 사실에 잠시 숨이 막히기도 했다.

특히 인상 깊었던 부분은, 삶에서 '선택'을 대하는 태도에 관한 이야기였다. "모든 선택에는 이유가 필요하지 않다"고 말하지만, 나는 그것을 단순히 결정을 쉽게 하라는 의미로 읽지 않았다. 오히려 나 자신에게 너무 많은 이유를 붙이면서, 선택 자체를 어렵게 만든 나를 돌아보게 됐다.

직장, 인간관계, 일상 속 선택들까지 모두 정당화하고 설명하려 애쓰던 내 태도는, 결국 나를 지치게 했다는 것을 깨달았다. 이제는 선택에 너무 많은 이유를 부여하지 않고, 단순히 나에게 필요한 것과 필요하지 않은 것을 구분하려 한다. 그 과정에서 비로소 선택이 자유로워진다는 느낌을 받았다.

책이 좋았던 또 하나의 이유는, 미래를 낙관적으로 그려주지 않는다는 점이다. 대신 현재를 있는 그대로 바라보게 한다. 앞으로 더 나아질 거라는 약속 대신, 지금 여기서 숨 쉬고 있는 나를 인정하라고 말한다.

"완벽하지 않아도 괜찮다"는 문장은 진부하게 들릴 법도 한데, 이 책에서는 현실과 맞닿아 있어 진심으로 다가왔다. 완벽하지 않은 나 자신을 받아들이는 것, 그것이 앞으로의 삶에서 가장 중요한 시작이라는 점을 깨닫게 된다.

책을 덮고 나서 내 삶이 극적으로 달라진 것은 아니다. 여전히 혼자 살고 있고, 여전히 불안한 순간이 있다. 다만 달라진 점이 있다면, 그 불안을 대하는 태도였다. 예전에는 불안을 없애야 할 문제로만 보았지만, 지금은 나를 이해하는 하나의 신호로 받아들이게 되었다. 불안이 나를 위협하는 것이 아니라, 나를 돌아볼 기회가 되는 순간이 생겼다.

이 책은 불안을 제거해주지 않지만, 불안과 함께 살아가는 법을 보여준다. 그 덕분에 이전보다 마음의 여유가 조금 더 생겼다.

『나는 나로 살기로 했다』 - 김수현

설명하지 않아도 된다

『어른의 행복은 조용하다』를 처음 펼쳤을 때, 나는 크게 기대하지 않았다. 요란한 조언이나 극적인 변화의 약속이 아니라, 삶을 조용히 바라보게 만드는 글이라는 평을 미리 읽었기 때문이다.

그래서 이 책이 내 일상 속으로 스며드는 방식이 낯설지 않았다. 처음 몇 페이지를 읽는 동안, 나는 이 책이 나에게 어떤 위로를 주기보다, 내 삶의 흐름을 점검하게 만드는 책이라는 사실을 느꼈다.

책의 제목처럼, 이 글은 행복을 크게 정의하지 않는다. 오히려 그것을 축소하고 단순하게 바라보게 한다. "어른의 행복은 남에게 보일 필요가 없다"는 문장은 특히 마음에 오래 남았다.

나는 그동안 행복을 남에게 보여주기 위해, 혹은 설명 가능한 형태로 만들기 위해 애써왔다. 사진으로 기록하고, 말로 요약하고, 남들이 납득할 만한 방식으로 표현하려 했다.

하지만 이 책은 그런 조건들을 내려놓으라고 조용히 권한다. 행복은 확인받는 감정이 아니라, 스스로 감당하는 상태라는 것을 말이다. 누군가에게 증명할 필요 없이, 내가 느끼면 그만이라는 단순한 진리였다.

책을 읽는 동안, 내 평범한 일상과 그 속의 시간을 떠올렸다. 특별한 사건이 없는 하루, 잘 지나갔다고 말하기에는 부족하고, 불행하다고 부르기에도 모자란 시간들.

예전의 나는 그런 하루들을 의미 없는 공백처럼 여겼다. 기록되지 않아도 되는 날, 의미 없다고 치부했던 순간들. 하지만 책에서 "아무 일도 일어나지 않은 하루가 곧 안정"이라는 문장을 읽고 나서야, 나는 그 공백 같은 날들을 기반으로 지금까지 살아왔다는 사실을 인정하게 됐다.

특별한 사건이 없다고 해서 하루가 사라지는 것이 아니라, 그런 반복적인 날들이 모여 삶을 지탱한다는 점이 마음에 남았다.

책이 말하는 '어른'은 단순히 책임만 늘어난 존재가 아니다. 기대를 조절하고, 불필요한 소음을 줄일 줄 아는 사람이다.

"기대가 줄어들면 실망도 줄어든다."

처음에는 너무 당연하게 느껴졌지만, 곱씹을수록 깊게 와 닿았다. 나는 오랫동안 기대를 포기하는 걸 체념으로 생각했지만, 책은 그것이 삶을 단단하게 만드는 기술일 수 있음을 보여주었다. 기대를 줄인다는 것은 자기 자신을 보호하고, 현실적인 삶을 살아가기 위한 선택이기도 했다.

이것이 단순히 타인과의 관계에서만 필요한 것이 아니라, 나 자신과의 관계에서도 중요하다는 점이 새삼스럽게 다가왔다.

책에서 말하는 '조용한 행복'은 그런 소음을 최소화하는 상태처럼 느껴졌다. 굳이 대답하지 않아도, 변명하지 않아도 괜찮다는 태도.

이 점에서 "어른은 모든 질문에 답하지 않는다"는 문장은 오래 남았다. 나는 선택을 증명하지 않아도 되는 순간, 스스로를 조금 더 믿을 수 있게 되었다. 그리고 그 믿음이 이전보다 조금 더 단단한 자기 중심으로 이어졌다.

나는 삶의 속도와 선택이라는 측면에 주목했다. "느려졌다는 건 뒤처졌다는 뜻이 아니다"라는 문장은 특히 마음에 남았다. 결정이 느려지고, 선택 앞에서 더 오래 고민하게 된 지금의 나는, 이 문장이 없었다면 여전히 조급함과 불안을 느끼며 살아갔을지도 모른다.

과거에는 빠르게 선택하고 움직이는 것이 능력이라고 생각했지만, 이제는 신중하게 고민하고 시간을 두고 결정하는 것도 일종의 힘이라는 사실을 깨닫는다. 속도가 느린 날들도, 결국 내 삶을 구성하는 중요한 순간이 될 수 있다는 생각이 들었다.

책은 감정에 대한 접근도 현실적이다. 감정을 극복하거나 억누르는 대신, "감정은 관리하는 것이 아니라, 지나가게 두는 것"이라는 관점을 제시한다.

나는 불안을 느끼면 해소하려 애썼고, 외로움을 느끼면 회피하려 했다. 하지만 책을 읽으며, 감정이 문제일 필요는 없고, 그냥 지나가도록 두는 것만으로 충분하다는 생각이 들었다. 감정에 굳이 의미를 부여하거나 판단하지 않아도 된다는 점, 그 단순함이 오히려 내 마음을 가볍게 했다.

책 전체에서 느낀 가장 큰 특징은, 미래를 낙관하거나 과거를 후회하지 말라고 강요하지 않는다는 점이다. 대신 현재의 상태를 점검하게 만들고, 불필요한 소음과 비교를 줄이는 방법을 제시한다.

책을 덮고 나서 내 삶이 극적으로 달라진 것은 아니다. 다만 조금 덜 흔들리게 되었고, 설명하지 않아도 되는 선택 앞에서 더 차분하게 서 있을 수 있게 되었다. 불필요한 기준을 하나씩 내려놓는 것만으로도 삶은 조금 더 단단해진 느낌이었다.

나는 큰 행복을 기대하지 않는다. 대신 조용하고 견고한 상태를 유지하고 싶다. 잘 드러나지 않지만 쉽게 무너지지 않는 상태, 남에게 말하지 않아도 스스로 느끼는 만족.

『어른의 행복은 조용하다』는 그것이 충분히 괜찮다고, 이미 많은 사람들이 그 안에서 살아가고 있다고 조용히 알려준다. 나는 이제 더 이상 불필요하게 내 선택을 설명하거나 남들과 비교하며 흔들리지 않는다. 책이 내게 남긴 것은 극적인 변화가 아니라, 마음속 작은 안정과 단단함이었다. 그리고 그것이 바로 어른의 행복이라는 생각이 들었다.

『어른의 행복은 조용하다』 - 태수

삶의 그릇을 키운다는 것

혼자 살아온 시간 동안, 돈은 늘 필요하면서도 한편으로는 부담스럽고 불안한 존재였다. 단순히 저축이나 투자에 관한 조언을 기대한 것은 아니었지만, 이 책이 말하는 '그릇'이라는 개념이 내 마음을 끌었다.

책은 돈을 많이 벌고 모으는 기술보다는, 돈을 담고 다룰 수 있는 준비와 태도, 즉 그릇을 갖추는 것이 먼저라고 이야기한다. 그 시각이 내 일상과 생각을 차분히 돌아보게 만들었다.

책 속에서 가장 인상 깊었던 문장 중 하나는 "돈은 신용을 가시

화한 것이다"라는 말이었다. 처음에는 다소 추상적으로 느껴졌지만, 곱씹을수록 내 삶의 구체적인 경험과 연결되었다.

단순히 돈을 많이 모으는 것이 아니라, 돈을 다룰 준비, 즉 '그릇'을 갖추는 것이 중요하다는 뜻이었다. 나는 그동안 돈을 수단으로만 보았고, 필요와 감정에 따라 소비하거나 즉흥적으로 사용하곤 했다.

이 문장은 내가 돈을 대하는 방식을 되돌아보게 했고, 그릇을 키운다는 것이 단순히 금액의 문제가 아니라, 자신의 가치와 신뢰를 포함한 내면의 준비와 연결되어 있다는 점을 깨닫게 했다.

책을 읽으면서 자연스럽게 내 일상과 선택을 떠올렸다. 나는 독립적으로 살아왔고, 경제적으로 크게 의존하지 않아도 되는 환경에서 살아왔지만, 그만큼 돈을 다루는 경험은 제한적이었다.

'그릇'이 충분하지 않은 상태에서 큰 돈이나 기회가 주어진다면, 그 무게를 견디지 못할 수 있다는 말에 고개를 끄덕였다. 나는 내 생활과 소비 패턴이 안정적이고 소박하다고 생각했지만, 그것이 곧 '그릇을 키우는 과정'이라는 점은 새로웠다. 돈과 함께 살아가는 방법을 배우는 것은, 결국 자신의 삶을 더 단단하게 만드는 과정이라는 생각이 들었다.

책에서 또 하나 주목하게 된 문장은 "부자의 그릇은 자신을 이해하는 데서 시작된다"였다. 나는 그동안 경제적 목표를 설정하면서도, 나 자신을 충분히 이해하지 않고, 사회적 기준이나 주변의 기대에 맞춰 계획을 세운 경우가 많았다.

이 문장은 내가 지금까지 쌓아온 습관과 생각을 돌아보게 했다. 자신의 한계와 강점을 인지하고, 현실적인 계획을 세우는 것이 얼마나 중요한지, 그동안 충분히 신경 쓰지 못했음을 깨달았다.

부자가 되는 길은 단순히 숫자를 늘리는 것이 아니라, 자신의 현재와 능력을 정확히 파악하고 준비하는 것임을 책은 보여주었다.

책을 읽는 동안 자연스럽게 내 미래와 선택에 대한 생각도 이어졌다. 나는 결혼하지 않았고, 앞으로의 삶에서 경제적 독립은 선택이 아니라 필수가 될 가능성이 높다.

"돈을 담을 그릇이 준비되어 있어야, 기회가 왔을 때 제대로 활용할 수 있다"

이는 내 삶의 방향을 점검하게 했다. 단순히 저축을 늘리고, 투자 전략을 배우는 것을 넘어, 내 자신이 기회를 받아들일 준비가 되어 있는지를 점검하게 된 것이다. 나는 지금까지 내 삶의 선택을 감정이나 순간적 필요에 맞춰 결정한 적이 많았지만, 앞으로는 보다 큰 그림을 보고, 나 자신을 안정적으로 관리하는 것이 중요하다는 생각이 들었다.

책에서는 돈을 다루는 태도뿐만 아니라, 관계와 신뢰의 중요성도 강조한다.

"신용이 곧 돈이며, 신뢰를 담을 그릇이 없으면 부는 오래가지 않는다."

사람과의 관계뿐 아니라 자신과의 약속도 떠올렸다. 나는 스스로를 관리하고, 스스로를 존중하는 습관이 부족한 경우가 많았다. 작은 약속조차 지키지 못하면, 그것이 쌓여 큰 책임이나 기회를 감당하기 어렵다는 사실을 깨닫게 했다.

부자가 되는 길은 단순히 돈을 모으는 것이 아니라, 신뢰와 자기 관리라는 내면의 그릇을 키우는 과정임을 책은 보여주었다.

"부자의 그릇은 자신을 이해하는 데서 시작된다."

그 말이 내 삶에서 단순한 조언이 아니라, 행동과 마음가짐을 점검하는 기준이 될 것이라는 믿음이 생겼다.

나는 여전히 배우고 성장해야 할 부분이 많다. 『부자의 그릇』은 단순한 금융서가 아니라, 삶을 안정적으로 살아가기 위한 내면의 준비와 성찰을 안내하는 책이었다.

돈과 부를 둘러싼 고민이 많았던 나에게, 이 책은 조금 더 차분하고 현실적인 시선으로 내 삶을 바라보게 만들어 주었다. 그 덕분에 나는 오늘도 내 그릇을 조금씩 넓혀가는 연습을 해 나갈 것이다.

『부자의 그릇』 - 이즈미 마사토

고통을 이해하며

"산다는 것은 괴로운 것이다."

이 문장은 책을 펼치자마자 내 마음을 멈추게 했다. 삶이 본질적으로 고통이라는 진단에서 시작하지만, 책은 단순한 비관이 아니라 그 고통을 이해하고, 견디며, 삶을 조금 더 성숙하게 살아가는 방법을 묻는다.

"행복하게 산다는 것은 고통을 견디는 법을 배우는 것이다."

내 삶을 돌아보면, 이 말은 철학적 명제가 아니라 체험적 사실처럼 느껴진다. 기쁨의 순간도 있었지만, 불안과 외로움, 실패에 대한 두려움이 마음 한켠을 늘 차지했다.

그러나 책은 행복만을 강요하지 않는다. 대신, 우리가 고통을 피하지 않고 이해하며 관리할 수 있는 지혜를 갖추는 것이 중요하다고 부드럽지만 단호하게 이야기한다.

특히 "인생은 고통과 권태 사이를 오가는 시계추다"라는 구절은, 마흔 즈음에 이르러 비로소 체감하게 되는 삶의 리듬을 말해준다. 젊은 시절 욕망은 곧 희망이었지만, 이제는 욕망과 현실 사이의 괴리에서 오는 괴로움과 무료함을 종종 경험한다.

나는 이 문장을 읽으며, 내가 그동안 무엇을 위해 욕망했는지, 그리고 욕망의 끝에서 무엇을 잃었는지 돌아보게 되었다.

"자연은 개인의 죽음에 상심하지 않는다. 우주는 영원하지만 개인은 무상하다."

삶의 유한함을 상기시키는 이 문장을 읽으며, 나는 자신을 평가하는 방식에 대해 성찰할 수 있었다. 타인의 시선과 사회적 기준에 흔들리며 살아온 나는, 정작 내 내면을 정직하게 바라보지 못했음을 깨달았다.

"타인의 평가에 자신의 건강이나 목숨을 바치는 일은 어리석다"는 말이 마음 깊이 와 닿았다. 40대의 나는 이제, 더 이상 남의 눈치를 보며 내 삶을 축소시키지 않기로 마음먹는다.

또한, 책은 독서와 사유의 중요성을 강조한다.

"먹은 것이 육체가 되고, 읽은 것이 정신이 된다."

우리는 단순히 읽는 것이 아니라 사유하고 내면화하는 과정을 통해 삶을 풍요롭게 만들 수 있다. 나는 이 문장을 보며, 이제야 비로소 독서가 나를 위한 사유의 장이 되어야 함을 이해했다. 바쁘게 살아가는 매일 속에서도, 잠시 멈춰 생각하고, 내 마음과 삶을 관찰하는 시간이 필요하다는 것을.

책의 마지막 부분에서 쇼펜하우어는 예술과 자연 속에서 관조하는 시간을 통해 고통에서 벗어나고, 현재를 받아들이는 법을 알려준다.

"행복은 미래에 도착하는 것이 아니라, 지금 여기에서 느끼는 해석의 결과다."

결국, 이 책은 내게 고통을 마주할 용기와 현재를 살아가는 태도를 선물했다. 삶은 때때로 우리를 흔들고, 한계를 드러내며 성찰을 요구한다.

그러나 고통은 삶의 적이 아니라, 삶을 깊이 보는 눈이라는 사실을 배웠다. 마흔이라는 나이는 단지 숫자일 뿐이지만, 그 나이에 삶을 다시 성찰할 수 있는 또 다른 기회가 된다는 것도. 이제 나는 조금 더 단단한 마음으로, 고통을 이해하고 견디며, 내 삶의 순간순간을 더 깊이 느끼고자 한다.

『마흔에 읽는 쇼펜하우어』 - 강용수

행동만이 삶을 바꾼다

"행동하지 않으면 인생은 바뀌지 않는다."

이 말은 책의 제목이지만, 읽는 내내 나 자신의 내면 깊숙이 울림을 주는 주문과 같았다. 브라이언 트레이시는 단순한 자기계발의 격언을 나열하지 않는다. 그는 긴 시간 동안 수많은 사람과 기업을 관찰하며 깨달은 단 하나의 진리를 우리에게 전한다.

"생각만 할 뿐 행동으로 옮기지 않는다면, 우리가 꿈꾸는 삶은 결코 현실이 되지 않는다."

지금까지 스스로에게 여러 번 실망해왔다. 이루고 싶은 일은 많았지만, 결국 그것들을 완수하는 행동으로 옮기지 못한 나 자신을 자주 마주했다. 그냥 머릿속으로만, 마음속으로만 그려온 변화는 현실이 되기보다 망설임과 후회로 남았다.

트레이시의 이 한 문장은 그런 나를 정면으로 바라보게 했다.

"행동은 모든 성공의 출발점이다."

간단하지만 단호한 진술은, 지금 '당장 움직이지 못하는' 나 자신을 일깨웠다.

책에서 강조하는 것 중 하나는 목표 설정의 명료함이다.

"목표는 당신이 어디로 가야 할지 알려주는 나침반이다."

이 말은 단지 어떤 목표를 갖는다는 의미를 넘어서, 의미 있고 실현 가능한 목표를 구체적으로 세우는 것의 중요성을 일깨운다.

나는 오랫동안 마음속으로 "좀 더 나은 나"를 꿈꾸며 살았지만, 명확하게 적어 두거나 눈에 보이는 곳에 두고 확인해 본 적은 드물었다. 트레이시는 목표를 종이에 적고 매일 그것을 확인함으로써 실천과 행동으로 이어질 수 있도록 하라고 조언한다.

나는 그 조언에 따라 작고 쉬운 목표부터 눈에 보이는 형태로써 내려가기 시작했다. 여전히 작고 소박하지만, 그것을 볼 때마다 마음속 기억이 행동으로 옮겨지는 듯한 감각이 생겼다.

또한 이 책은 작은 행동의 누적이 어떻게 삶을 변화시키는지를 끊임없이 강조한다. “아주 작은 행동의 반복이 결국 큰 결과를 만든다.”라는 메시지는 처음 읽었을 때 단순하게 들렸지만, 나의 일상에 적용하면서 그 힘을 조금씩 이해하게 되었다.

나는 매일 아침 간단한 자기계발 루틴을 만드는 것으로 시작했다. 10분 정도 책을 읽고, 목표 목록을 확인하고, 하루의 우선순위를 정해 작은 행동부터 실행해보는 것. 이 작은 반복이 쌓이면서 내가 느끼는 만족감은 단순한 욕구 충족이 아니라 “성장을 향한 움직임”이라는 무게를 가지게 되었다.

그렇다고 해서 행동이 언제나 쉽게 이어지는 것은 아니다. 두려움과 미루는 습관은 여전히 내 앞에 놓여 있다.

“두려움은 행동을 방해하는 가장 큰 적이지만, 작은 행동으로 극복할 수 있다.”

나는 이 말의 의미를 내 삶에서 조금씩 실감하고 있다. 작은 행동이 반복되면, 두려움은 더 이상 나를 멈추게 하는 괴물처럼 느껴지지 않았다. 오히려 두려움 속에서도 행동할 수 있는 나 자신을 발견하는 과정이 삶의 다른 영역에서도 나를 놀라게 했다.

또한 이 책에서는 시간 관리와 우선순위의 지혜도 강조한다. “가장 중요한 일을 먼저 처리하라”는 파레토 법칙의 원칙을 떠올리게 하는 이 조언은, 나 자신에게 필요한 일과 그렇지 않은 일을 구분해주었다.

일상에선 늘 해야 할 일과 하고 싶은 일 사이에서 갈등하지만, '가장 중요한 일'이 무엇인지 점점 명확해질수록 나는 흔들리지 않고 행동으로 옮길 수 있는 힘을 조금씩 키워가고 있다.

마지막으로, 가장 깊이 남는 것은 책의 전체적인 메시지다.

"행동만이 당신을 원하는 곳으로 데려다준다."

이 단순하지만 강력한 진리가, 내 삶을 다시금 돌아보게 했다. 나는 이제 과거의 망설임을 돌아보지 않는다. 대신 지금 내가 선택한 작은 행동 하나하나에 더 집중한다. 그것이 비록 작고 느린 움직임이라도, 그 순간이 내가 원하는 인생을 향한 진짜 움직임이라고 스스로 인정하게 되었다.

인생의 변화는 거창한 결단이나 환상적인 계획이 아니다. 그것은 "지금 이 순간, 작은 행동을 선택하는 나의 태도와 실천의 결과"이다.

더 이상 핑계를 대지 않고, 더 이상 행동을 미루지 않으며, 내가 원하는 삶을 위해 지금 할 수 있는 행동을 선택하는 일. 그 선택은 바로 나 자신의 삶을 바꾸는 진짜 출발점일 것이다.

『행동하지 않으면 인생은 바뀌지 않는다』 - 브라이언 트레이시

자신을 존중하기

언제부터였을까. 사람들과 마주하는 시간이 늘어날수록, 나는 종종 마음 한켠에 무거운 피로를 느끼곤 했다. 고객을 웃게 만들고, 동료를 설득하고, 상황을 조율하는 일상 속에서, 내 자신이 점점 지쳐감을 느낄 때가 많았다.

그런데 사이토 히토리의 『어떻게 살 것인가』를 읽으면서 나는 내 삶을 바라보는 방식과 사람을 대하는 태도를 다시 점검하게 되었다.

책은 단순히 성공담이나 돈 버는 방법을 나열하지 않는다.

"자신의 삶을 흔들리지 않고 살아가는 사람에게는 '작은 습관'이 큰 힘으로 돌아온다."

이 구절은 나에게 깨달음을 주었다. 나는 매일 사람들과 마주하며, 순간순간의 감정을 지나치게 의식하거나, 타인의 평가에 흔들리며 행동하곤 했다. 작은 습관, 정확히 말해 자신의 감정을 관리하고, 상대를 존중하며, 나의 원칙을 지키는 일상의 반복이야말로 삶의 중심을 잡아주는 힘이라는 사실을 알게 되었다.

나는 매일 아침 스스로에게 간단한 질문을 던졌다. "오늘 나는 나 자신에게 정직하게 행동할 것인가?" 그리고 고객을 만나거나 회의를 할 때, 순간적으로 불쾌하거나 피로를 느끼더라도, 마음속으로 '이 순간에 최선을 다하며 상대를 존중하자'라고 다짐했다.

처음에는 단순한 자기 주문처럼 느껴졌지만, 며칠 지나지 않아 마음의 흔들림이 줄고, 사람들을 대하는 태도가 훨씬 안정적임을 체감했다.

또 한 구절은 나에게 돈과 인간관계의 본질에 대해 생각하게 만들었다.

"감사하는 마음으로 기분 좋게 떠나보낸 돈이 친구들을 대거 이끌고 되돌아온다."

나는 사람들을 만나며 자주 느끼는 긴장감 속에서, 비용과 시간, 노력을 계산하는 마음이 먼저 드는 나 자신을 발견하곤 했다. 그러나 책은 돈을 단순한 계산 대상으로 보는 것이 아니라, 태도와 마음가짐을 반영하는 존재로 바라보라고 한다.

책에서 특히 기억에 남는 부분은 '자존'을 중심으로 한 삶의 태도였다.

"자신을 존중하지 않으면 누구도 당신을 존중하지 않는다."

그동안 사람들을 많이 만나고 상대하는 직업을 가지면서, 스스로를 소홀히 대하거나 타인의 기대에 맞추느라 나를 잃어가는 순간이 많았다. 그러나 이 문장을 읽으며, 스스로를 먼저 존중하는 습관이 사람들과의 관계에도 깊이 영향을 준다는 것을 깨달았다.

예를 들어 적절한 휴식을 갖는 것, 혹은 내 감정을 솔직하게 표현하거나 내가 옳다고 믿는 원칙을 지키는 일이 그에 해당될 수 있을 것이다.

사이토 히토리는 또한 습관의 힘과 지속성에 대해 강조한다.

"매일 반복하는 작은 선택이 결국 당신의 인생을 만든다."

나는 이 구절을 읽으며, 단순히 큰 목표나 성취만 바라보는 태도에서 벗어나, 일상 속 작은 행동과 선택이 얼마나 중요한지를 재인식했다.

책을 덮으며 느낀 가장 큰 깨달음은, 삶은 결코 거창한 계획이나 일시적인 성과로만 이루어지지 않는다는 사실이었다. 작은 습관, 자기 존중, 감사하는 마음, 그리고 사람을 진심으로 대하는 태도가 모여 비로소 나를 중심으로 한 삶이 완성된다.

사람과 마주하는 직업을 가진 나에게, 이 책은 단순한 자기계발서가 아니라, 일상에서 실천할 수 있는 마음가짐과 행동 지침서가 되었다.

지금도 나는 매일 손님들을 만나며 책에서 배운 것을 떠올린다. 미소를 짓는 순간, 상대를 존중하는 마음, 그리고 내 자신을 지키는 작은 선택. 그 모두가 쌓여 나의 삶과 관계를 조금씩 바꾸어간다.

『사이토 히토리의 어떻게 살 것인가』 - 사이토 히토리

불평하지 말자

식당에서 일하며 매일 다양한 사람을 만나면서 인간관계의 미묘함을 느껴왔다. 그러던 중 데일 카네기의 『인간관계론』을 읽으며, 그동안 막연히 체감하던 인간관계의 원리들을 정리할 수 있었다.

책의 서두에서 카네기는 말한다.

"비판하지 말고, 비난하지 말며, 불평하지 말라."

이 문장은 읽는 순간 단순한 조언이 아니라, 인간관계의 근본적 태도를 이야기하는 경구처럼 다가왔다.

카네기의 말처럼 비판과 불평은 대화를 열기보다는 벽을 만든다는 것을 다시금 깨달았다. 이 문장은 내게 있어 단순한 기술이 아니라, 나 자신의 마음가짐을 점검하는 기준이 되었다.

책에서 반복되는 주제는 '진심 어린 관심'이다.

"사람의 이름을 기억하고 불러주라. 그것은 상대방에게 가장 중요한 소리다."

식당에서 일하며 손님들의 이름을 알기는 어렵지만, 작은 관심과 기억만으로도 상대가 느끼는 신뢰와 호감은 달라진다.

나는 매일 반복되는 주문과 계산 속에서도, 손님의 취향이나 말투를 기억하려 노력한다. 이 과정에서 단순한 서비스 이상의 것이 생긴다는 것을, 책을 읽으며 다시 한번 깨달았다. 사람을 이해하고 존중하는 태도는, 결국 비즈니스의 결과와도 직결된다.

또한, 카네기는 설득과 의견 조율의 방법을 이야기하며, 논쟁을 피하고 상대방의 입장에서 생각할 것을 권한다.

"상대방의 관점에서 생각하고, 상대방이 중요하다고 느끼게 하라."

나는 가끔 동료와 작은 의견 충돌을 경험했다. 일의 우선순위를 두고 설득하거나 반박하는 과정에서, 내가 옳다고 주장하는 것보다 상대방의 입장을 이해하려는 노력이 먼저 필요하다는 것을 절감한다.

카네기의 조언은 단순히 설득의 기술이 아니라, 인간관계의 신뢰를 쌓는 방법으로 연결된다. 창업을 준비하며 팀을 꾸리고 운영할 때, 이 원칙은 더욱 중요할 것이다.

책을 읽으면서 흥미로웠던 점은, 인간관계에서 리더십을 발휘하는 방법이다. 카네기는 변화를 이끌 때 비판보다는 격려를 활용할 것을 강조한다.

"작은 성취도 칭찬하라. 사람은 자신이 인정받는다고 느낄 때 더 큰 변화를 만들어낸다."

창업 후에는 이 방식이 팀 운영의 기초가 될 것이라고 생각한다. 사람의 행동과 마음은 강압보다는 존중과 격려에서 비롯된다는 단순한 진리를, 책은 명확하게 보여주었다.

또한 이 책은 단순한 인간관계 기술서에 머물지 않는다. 그것은 삶을 바라보는 태도이기도 하다. 타인을 이해하고 배려하며, 스스로를 돌아보고 겸손하게 행동하는 자세는, 일상 속 작은 선택에도 영향을 준다.

식당에서 반복되는 일과 속에서도, 책에서 배운 원칙을 적용할 때 나는 조금 더 차분하게 상황을 받아들이고, 사람들을 대할 수 있었다.

책을 덮으면서, 나는 인간관계가 단순히 '사람을 다루는 기술'

이 아니라 '서로의 존재를 존중하는 생활 습관'임을 다시금 깨달았다.

그리고 이는 나의 창업 준비와도 맞닿아 있다. 가게를 열고 사람들을 맞이할 때, 손님뿐 아니라 함께 일하는 사람들에게도 진심 어린 관심과 존중을 실천하는 것이, 결국 성공의 바탕이 될 것이다.

『인간관계론』은 내게 인간을 바라보는 눈을 다듬어 준 책이었다. 삶과 일 속에서 내가 만나는 사람들과의 관계를 점검하고, 작은 습관과 태도의 힘을 확인하게 했다.

지금까지 살아오면서 겪은 경험과 책에서 배운 원칙이 맞닿는 순간마다, 나는 조금 더 침착하게, 조금 더 신중하게, 사람들을 마주할 수 있게 되었다. 그리고 창업이라는 새로운 길을 걸어갈 때, 이 책에서 배운 것들이 나의 나침반이 되어 줄 것임을 믿는다.

『데일 카네기 인간관계론』 - 데일 카네기

에필로그

인생에 있어서 누구를 만나는가,
그리고 어떤 책을 읽는가,
또 어느 곳에 머무는가에 따라
삶은 완전히 달라진다.

운이 좋은 나는
좋은 리더를 만나서
새 삶을 제대로 살아가는 방식을 배웠다.

독서를 통해서 인품을 기르고,
일을 통해 체력과 정신력,
그리고 집중력과 실력을 키울 수 있게 되었다.

항상 초심으로 돌아가
처음의 각오를 잊지 않고자 애써 온 노력이
책을 통해 느낀 내 나름의 깨달음을
글로써 남기고자 했다.

모든 인연에게 참으로 감사할 따름입니다.

괜찮은 어른이 되기 위해 읽다

초판 1쇄 발행 2026년 2월 25일

지은이 김미선
펴낸이 권지현
펴낸곳 이음과펼침
책임편집 이음과펼침 편집부

출판등록 2025년 7월 21일 제2025-000129호
주소 서울시 서초구 양재동 392-3, 202B
이메일 connectnbloom@gmail.com
원고투고 connectnbloom@gmail.com
홈페이지 www.connectnbloom.com

ISBN 979-11-24329-08-5(03810)